AF366369

L'HONNÊTE CRIMINEL,

OU

L'AMOUR FILIAL,

DRAME

En cinq Actes & en vers.

PAR

M. FENOUILLOT DE FALBAIRE.

Illi folatium eft pro honefto dura tolerare, & ad caufam
à patientiâ refpicit.

SENEC. *De Providentiâ.*

SECONDE ÉDITION,

*Revue, corrigée, & augmentée de l'Hiftoire du Héros
de la Pièce.*

A AMSTERDAM;

Et fe trouve

A PARIS,

Chez MERLIN, Libraire, rue de la Harpe, vis-
à-vis la rue Poupée, à l'Image Saint-Joſeph.

M. DCC. LXVIII.

A MONSIEUR

TRUDAINE

DE MONTIGNI,

Conseiller d'Etat, Intendant des Finances, & Honoraire de l'Académie des Sciences,

Monsieur,

Depuis que vous avez permis que cet essai parût sous vos auspices, comme un tribut de ma reconnoissance pour les bontés dont vous honorez ma famille, quels nouveaux droits n'avez-vous pas acquis sur l'hommage que je vous fais? Ce n'est plus une dette domestique dont je viens m'acquitter: c'est un devoir personnel & public que m'impose non-seulement le vif intérêt que vous daignez prendre à ce Drame, mais sur-tout la protection active & généreuse que vous accordez à celui qui en est le Héros. Ma reconnoissance & la sienne se partagent entre vous, Monsieur, & une personne illustre, en qui l'amour des Lettres, le commerce des arts & la culture des talens sont comme autant de vertus, par les fruits qu'on leur voit produire, & par les actes de bienfaisance qu'ils lui inspirent tous les jours. Ces goûts, ces sentimens, cette façon si noble de penser & d'agir vous sont communs avec elle ; & à ces titres vous vous rendez cher à tous ceux qui cultivent les Lettres, & qui aiment l'humanité. Je suis avec un profond respect,

MONSIEUR,

Votre très-humble & très-obéissant serviteur,

FENOUILLOT DE FALBAIRE.

PRÉFACE.

QUAND j'ai compofé ce Drame, la beauté du trait qui en eft la bafe & que j'avois puifé dans la Poétique de M. Marmontel, m'a foutenu dans mon travail. Je favois que l'action étoit vraie, qu'elle s'étoit paffée de nos jours, chez nous-mêmes; & c'en étoit affez pour croire qu'elle intérefferoit mes concitoyens. Mais je ne favois pas que celui qui l'avoit faite exiftoit encore ; que c'étoit la vertu vivante que je tirois de l'obfcurité d'un attelier pour la mettre fur le théatre, & que cet Ouvrage, après avoir attendri toutes les ames fenfibles, procureroit aux ames bienfaifantes la douceur d'en pouvoir récompenfer le Héros. Voici fon Hiftoire, plus importante fans doute à l'humanité qu'elle honore, que l'Hiftoire de tant de Conquérans qui n'en ont été que la terreur & le fléau.

Jean Fabre eft né à Nîmes de parens Proteftans, honnêtes & vertueux. Son père, que l'âge commençoit à affoiblir, quitta dès l'an

1743 le commerce de Draperie, pour vivre fur le fond modique qu'il s'étoit fait par fon travail. Le jeune Fabre à peine âgé de quatorze ans, ne put alors foutenir le commerce de fon père : mais en 1752 s'étant affocié avec un ami, il établit une Fabrique de bas de foie, à laquelle il travailla pendant quatre ans avec fuccès. Son induftrie lui promettoit, & lui eût affûré les moyens de faire à fes parens un fort plus doux dans leur vieilleffe ; & l'amour, qui partageoit avec la nature cette ame fenfible, alloit achever fon bonheur, lorfque l'héroïfme de la piété filiale le précipita dans un abîme où toutes fes efpérances femblerent fe perdre pour jamais.

Le premier Janvier 1756, une affemblée de Religionnaires devoit fe tenir aux environs de Nîmes ; & Fabre le père s'y rendit avec fon fils. Mais l'affemblée fe diffipa à la vue d'un détachement qui s'avançoit. Le jeune Fabre qui, avant le péril, s'étoit éloigné de fon père, quitta fes amis pour aller le rejoindre. Il le trouva fur le grand chemin avec le fieur Turge, & s'étant apperçu qu'on les pourfuivoit, il prit la fuite à-travers la

campagne, en les exhortant à le fuivre. Il
étoit déja lui-même hors de danger quand il
vit que l'âge, la frayeur, la difficulté des
chemins avoient mis fon père dans l'impuif-
fance de s'échapper, & qu'il étoit tombé
avec fon compagnon entre les mains du détachement. Revenant alors fur fes pas, il
s'élance au milieu des Soldats, & les conjure
de le recevoir à la place de fon père. Celui-
ci s'oppofoit à cette action généreufe, & s'é-
crioit qu'il ne vouloit point facrifier les plus
belles années de fon fils aux foibles reftes de
la vie d'un vieillard prêt à mourir. Ce combat touchant de l'amour paternel & de la
piété filiale avoit jetté les Soldats dans un
étonnement mêlé d'admiration & de refpect;
ils s'attendrirent; ils auroient voulu les dégager tous les deux, mais l'ordre qu'ils
avoient reçu ne leur permettant pas de le
faire, les inftances du fils déciderent leur
choix. Ils l'emmenerent; & le père qui fe
précipitant plufieurs fois dans leurs rangs, en
avoit toujours été repouffé par fon fils, fut enfin laiffé en arriere, au défefpoir d'être vain-
cu dans un combat où l'opprobre & l'efcla-

vage devoient être le prix du vainqueur.

Le jeune Fabre en effet, après avoir langui plus de deux mois dans les prisons, fut condamné avec le sieur Turge aux Galeres perpétuelles par Jugement du 12 Mars 1756, & ils y furent menés ensemble. Qu'on se représente tout ce qui se passa dans l'ame du malheureux jeune homme, lorsqu'arrivé à Toulon, il fallut entrer dans le fatal vaisseau, & prendre l'ignominieux uniforme des scélérats qui l'habitent. Le souvenir d'un père, d'une mère accablés par le poids de l'infortune, & de qui la vieillesse demeuroit sans appui, l'image d'une amante adorée & perdue pour jamais, la misere, l'opprobre mille fois plus horrible que la misere : telle fut pendant sept ans la situation de mon Héros.

Cependant l'état de ses parens étoit aussi déplorable. Ces infortunés vieillards abîmés dans la douleur, forcés de se retrancher une partie de leur propre subsistance, pour subvenir aux besoins du malheureux qui languissoit dans les fers, tomberent l'un & l'autre dans une maladie qui les mit au bord du tombeau. Leur fils fut un long espace de tems fans recevoir de leurs nouvelles ; & fon incertitude fur leur fort , plus cruelle encore que tous fes maux , acheva d'y mettre le comble.

Ce ne fut qu'en 1762 que le Miniftre bienfaifant , qui étoit chargé alors du Département de la Marine , fut inftruit du malheur de Fabre , & qu'il en apprit la caufe honorable. Son ame faite pour fentir & pour apprécier les grandes actions , fut vivement frappée de celle-ci. Il fe hâta de brifer des fers qui ne rendoient que plus refpectable celui qui les portoit : les ordres du Roi furent expédiés le 13 Mai 1762 , & le 22 le fieur Fabre reçut à Toulon un Brevet de congé.

Il fut donc enfin rendu à fa famille , & revint, après fept ans d'efclavage, recevoir dans les embraffemens de fon père, le prix de fon facrifice & de fa vertu. Au charme de la liberté qu'il recouvroit , fe joignit la fenfible joie de la voir partager à fon compagnon d'infortune , qui fut même réhabilité deux mois après. Si jufqu'à préfent le fieur Fabre n'a pas obtenu la même grace, c'eft fans doute parce que l'action qui la mérite n'étoit pas affez connue.

La récompenfe d'un cœur fi tendre, fi généreux, ne pouvoit fe trouver que dans un
cœur digne de lui, & fon amante lui gardoit
le fien. C'étoit une jeune parente que Fabre
adoroit, & dont il alloit devenir l'époux,
lorfqu'il avoit pris les chaînes de fon père.
Bel exemple à méditer pour ceux qui préten-
dent que l'amour affoiblit l'ame, & la rend in-
capable des grands efforts du courage & de la
vertu ! L'amante de mon Héros lui étoit toujours demeurée fidelle : elle avoit long-tems re-
fufé tous les partis qui s'étoient offerts ; enfin la
volonté de fes parens venoit de la déterminer
à un engagement avantageux, quand Fabre
fut mis en liberté. Elle treffaillit à cette nouvelle, & fon cœur revola vers fes premiers
liens. Elle eut le courage d'aller ouvrir fon
ame à celui qu'elle étoit prête d'époufer ; &
cet homme généreux devint le protecteur de
fon rival préféré. Depuis quatre ans, Fabre
s'eft uni avec cette vertueufe compagne, &
elle lui a déja donné deux enfans : quel préfent, s'ils font dignes de leur père ! Il eft
actuellement établi à Gange, où il s'eft formé de nouveau une petite Fabrique de bas

de foie. Son père , dont les jours fembloient n'avoir été prolongés que pour le voir dégagé de fes fers , eft mort quelque tems après , âgé de plus de quatre-vingts ans , & fa mere eft vivante. Puiffe-t-elle , à la lecture de ce récit, preffer encore contre fon fein le fils généreux qui en eft l'objet, & le baignant de larmes de joie , fe glorifier long-tems dans fes bras de lui avoir donné le jour !

Voilà l'Hiftoire exacte du Héros de ma Pièce. J'ai les preuves authentiques de tous les faits que je viens de rapporter ; & le certificat même du Sergent qui confentit à recevoir le fils à la place du père , eft dans les mains d'une Princeffe généreufe , qui a bien voulu s'occuper du foin de procurer ce témoignage à la vertu. Le Public fera fans doute auffi furpris que je l'ai été moi-même de voir que les circonftances que je croyois imaginer pour rendre l'action de ma Pièce le plus intéreffante qu'il étoit poffible, fe trouvent prefque toutes conformes à la vérité. C'eft-là fur-tout qu'on s'applaudit d'avoir deviné la nature , & de n'avoir fait que la peindre en s'efforçant de l'embellir.

Si ce Drame a quelques défauts de moins dans cette seconde Edition, je le dois aux conseils de l'Ecrivain célebre qui m'en avoit fourni le sujet. La reconnoissance est bien douce, quand celui qui en est l'objet, l'est en même tems de notre admiration & de notre estime, sentimens qui sont dûs à M. Marmontel par quiconque est l'ami de l'humanité & des Lettres, & qu'avant d'être le sien, je partageois déja avec toute l'Europe éclairée.

Je sais combien mon Ouvrage est encore imparfait ; mais il me sera toujours infiniment cher, s'il a des effets utiles pour l'homme de bien que j'y ai célébré ! il m'importe peu d'avoir fait ou non une bonne Pièce, pourvu qu'à l'occasion de ma Pièce il se fasse de bonnes actions en faveur de mon Héros ; & que ses compatriotes qui l'honorent, les étrangers qui l'admirent, enfin toutes les ames sensibles & généreuses se disputent la gloire de le mettre en état de finir doucement les restes d'une vie dont les plus belles années se sont passées dans les horreurs d'un esclavage volontaire, & dans les plus cruelles épreuves de la vertu.

L'HONNÊTE

Moderez vos transports, vous ne me devez rien :
On travaille pour soi lorsque l'on fait le bien.

L'HONNÊTE CRIMINEL,

OU

L'AMOUR FILIAL.

DRAME

En cinq Actes & en vers,

PERSONNAGES.

Le Comte d'ANPLACE , Commandant des Galères.

CÉCILE, veuve de M. d'Orfeuil, riche Négociant.

ANDRÉ, galérien.

M. d'OLBAN.

AMÉLIE, amie de Cécile.

LISIMON, vieillard.

LA BRIE, laquais du Comte.

PICARD , laquais de Cécile.

Autre laquais de Cécile.

La Scène est à Toulon sur le bord de la Mer.

L'HONNÊTE
CRIMINEL,
OU
L'AMOUR FILIAL.

ACTE PREMIER.

Le Théatre repréfente la Mer dans le fond, avec la partie d'une Galere dont le refte eft caché. On voit à gauche la maifon où logent Cécile & Amélie, & à droite celle du Commandant.

SCENE PREMIERE.

ANDRÉ *feul fur le rivage.*

LA mer paroît tranquille, & le ciel fans nuage
Promet aux matelots un jour exempt d'orage.....
Pour moi feul fur la terre il n'eft plus de beaux jours :
J'ai tout perdu ; l'efpoir m'eft ravi pour toujours.
   Dieu qui vois mes tourmens, tu fais fi j'en mur-
     mure,

A ij

Si cette chaîne pèse à mon cœur innocent !
J'aime à sentir son poids. La vertu, la nature
Répandent sur mes maux un charme consolant.
Non, ce n'est pas sur moi, c'est sur vous que je
     pleure,
O père infortuné ! vous dont jusqu'à cette heure
J'ignore le destin..... sans doute il est affreux.
Pauvre, errant, fugitif, mon père malheureux
Traîne en quelque désert sa languissante vie.....
Ou bien dans l'amertume il l'a déja finie.
Oui, depuis que je suis enchaîné sur ce bord,
S'il n'eût pas succombé sous ses peines cruelles,
Sans doute j'aurois eu de lui quelques nouvelles :
Mais mon père n'est plus , mon pauvre père est
     mort !
     Que fait donc à présent ma déplorable mère ?
Assise sur sa tombe , exposée au mépris ,
Sans appui , sans secours , au sein de la misère ,
Peut-être en ce moment elle appelle son fils.
Elle l'appelle en vain !... ô regrets ! ô tendresse !
Quelle main prendra soin de sa triste vieillesse ?
Si j'étois sûr au moins de lui faire tenir
Le peu d'argent qu'ici, depuis mon esclavage,
J'ai par un long travail gagné sur ce rivage !...
A qui m'adresserai-je, & comment parvenir ?...
En la compassion les malheureux esperent,
Mais au bruit de nos fers la pitié semble fuir ;
A notre approche, hélas ! tous les cœurs se resserrent,

Et se font un devoir de ne pas s'attendrir !
Essayons cependant si quelques mains fidelles
Daigneront . . . . .

SCENE II.

Le Comte d'ANPLACE, LA BRIE, ANDRÉ.

LE COMTE *à son laquais.*

AUssi-tôt qu'il fera jour chez elles,
Viens m'avertir.

(*A André.*)

Et toi retourne sur ton bord,
Tu ne peux aujourd'hui travailler sur le port :
De la Marine ici j'attends les Commissaires.

ANDRÉ *à La Brie à part.*
J'aurois un mot à dire.

LA BRIE *à André à part.*
Il a beaucoup d'affaires.

LE COMTE.
Quoi ! Madame d'Orfeuil ! j'en reste confondu.
Elle, avec Amélie ? . . . as-tu bien entendu,
La Brie, & se peut-il ? . . . .

LA BRIE *au Comte.*
Oui, c'est bien elle-même,
Arrivant de Paris.

A iij

LE COMTE.

Bonheur inattendu !
Jour fortuné ! je vais revoir tout ce que j'aime.

ANDRÉ *à part.*

S'ils respirent encor, ce peu d'argent, hélas !
Pourra les soulager dans leur misère extrême.
Approchons.

LA BRIE *à André.*

Tu vois bien qu'il se parle tout bas.
Attends.

LE COMTE *à part.*

Oncle inhumain ! c'est son orgueil barbare
Qui seul, tant qu'il vivra, nous retient, nous sépare !

LA BRIE *à André.*

Dans un autre moment il t'auroit écouté.

LE COMTE *à part.*

Et qu'importent des noms au bonheur de la vie ?
Quoi ! l'on me soutiendra que je me mésallie
En épousant les mœurs, la vertu, la beauté !
Ah ! l'orgueil n'inventa la vaine qualité
Que pour y suppléer, & la mettre à leur place !

LA BRIE *au Comte.*

Monsieur, le pauvre André vous demande une grace ;
Il voudroit vous parler, mais il ne l'ose pas.

LE COMTE *à André.*

Pourquoi donc, mon ami ? parle avec confiance.
Tu sais, malgré ton sort, que de toi je fais cas ;
J'aime à te l'adoucir, & ta crainte m'offense.

Il eſt vrai qu'à préſent je ſuis fort occupé.

  (*A La Brie.*)

Mais à leurs gens, dis-moi, n'eſt-il rien échappé ?
Font-elles à Toulon quelque ſéjour ?

    LA BRIE *au Comte.*

        On doute

Qu'elles y ſoient long-tems. Elles vont dans l'Aunis.

    ANDRÉ *à part.*

O Dieu ! s'il étoit vrai !

    LA BRIE *au Comte.*

      C'eſt, dit-on, le pays

De Madame d'Orfeuil.

    ANDRÉ *à part.*

     Et c'eſt le mien.

    LE COMTE *à La Brie.*

       Ecoute,

Il n'eſt plus trop matin, va voir.... mais les voici.
Dieu ! comment modérer les tranſports de mon ame ?

    ANDRÉ *à part.*

Eh bien, je les prierai, je viendrai.....

    LE COMTE *à André.*

       Mon ami,

   (*A La Brie & à André.*)

Demain, un autre jour. Laiſſez-nous.

SCENE III.

LE COMTE, CÉCILE, AMÉLIE.

LE COMTE, *en baifant la main de Cécile.*

AH! Madame,
Que ne vous dois-je point, & quels remercimens
Pourront... l'expreffion manque à mes fentimens.
C'eft donc vous que je vois, c'eft vous, belle
    Amélie !
A vos genoux enfin je puis .....

AMÉLIE *fe jettant au cou de Cécile.*

       O mon amie !
Cachez dans votre fein ma trouble & ma rougeur.

CÉCILE.

Pourquoi voudriez vous lui cacher fon bonheur ?
De tous les fentimens qu'infpire la nature,
L'amour eft le plus beau, quand la vertu l'épure.

AMÉLIE.

Puifque vous l'approuvez, qu'il life dans mon cœur :
Vous faites plus pour moi qu'une fœur, qu'une mère.
Indulgente, attentive à tous mes vœux, hélas !
Vos généreufes mains .....

CÉCILE.

     Y penfez-vous, ma chère ?
Eh quoi ! vous me louez ! ne nous aimons-nous pas ?

(*Au Comte.*)

Tout est dit. C'est pour vous que j'ai fait ce
   voyage.

AMÉLIE.

Qui, moi ? qu'avec le Comte à présent je m'engage ?
Sans fortune, sans nom ? par d'imprudens liens
Je le ferois encor déshériter des siens ?
Non, de grace.....

LE COMTE *à Amélie.*

        Madame , il n'est point d'avantage
Que je ne sacrifie au bonheur d'être à vous.
Mais sans bien vous ferai-je un destin assez doux ?
Pardonnez cette crainte à l'amour le plus tendre !
Mon oncle est vieux , peut-être il vaudroit mieux
   attendre.

CÉCILE.

Parens durs & cruels qui nous tyrannisez ,
Vous en voyez le prix ! Trouvez-vous donc des
     charmes
A sécher par avance , à prévenir les larmes
Dont vos tombeaux un jour devoient être arrosés !
   (*Au Comte.*)
Monsieur , vous n'attendrez le trépas de personne,
Je dote mon amie , & s'il faut dire plus ,
Je dote ma fille.
       (*Au Comte.*)
        Oui , mes droits vous font connus ;
Mon cœur en est jaloux , & le sien me les donne.

AMÉLIE.

Que faire pour répondre à de si grands bienfaits?

CÉCILE.

Rien que les accepter, & n'en parler jamais.

AMÉLIE.

Non, l'honneur, le devoir me défend l'un &
    l'autre.
C'est à mon amitié de modérer la vôtre;
D'en arrêter l'excès, sans jamais l'oublier,
De refuser vos dons & de les publier.
Je ne recevrai point......

CÉCILE.

                Arrêtez, Amélie;
Songez que vos refus blesseroient votre amie.
Hâtons-nous d'assurer votre félicité.

(*A part.*)

Vous savez que bientôt... Hélas! trop-tôt peut-être!
Il faudra que j'engage aussi ma liberté.
Mais avant de la perdre entre les bras d'un maître,
Je veux, selon mon cœur, en jouir une fois,
Et la faire servir au bonheur de tous trois.

AMÉLIE.

Trop généreuse amie!

LE COMTE.

                O femme incomparable!
Sexe toujours charmant, & souvent adorable!
    (*Ils prennent chacun une main de Cécile, & la baisent
    avec transport.*)

CÉCILE.

Modérez ces tranſports, vous ne me devez rien :
On travaille pour ſoi lorſque l'on fait le bien.
Aimez - vous , aimez - moi ; c'eſt le prix qu'oſe
    attendre . . . . .

SCENE IV.

LE COMTE , CÉCILE , AMÉLIE , LA BRIE.

LA BRIE.

Ils arrivent, Monſieur ; ils viennent de deſcendre
Au logis que pour eux on a fait préparer.

LE COMTE *à Cécile & à Amélie.*

De vous quelques momens il faut me ſéparer ;
Vous me le permettez. Ce ſont des Commiſſaires
Envoyés par la Cour. Je ne tarderai guères.

      (*A Cécile, en baiſant la main d'Amélie.*)

Adieu, belle Amélie ! Ah ! Madame, croyez
Qu'à jamais tous les deux nous ſommes à vos pieds.

SCENE V.

CÉCILE, AMÉLIE.

AMÉLIE.

EH quoi ! vous foupirez ! toujours trifte, ré-
    veufe,
Vous faites mon bonheur, & n'êtes pas heureufe ?
Vous avez des chagrins que vous voulez cacher.
Et pourquoi dans mon fein ne les pas épancher ?
N'eft-ce que par des dons qu'on prouve fa ten-
    dreffe ?
Ah ! c'eft votre douleur, & non votre richeffe
Que ma vive amitié demande à partager.

CÉCILE.

Quand le cœur s'attendrit, il paroît s'affliger.
Témoin de votre amour, ma chère, à cette vue,
(Pour le cacher, hélas ! j'ai fait de vains efforts.)
Mes fens fe font troublés, mon ame s'eft émue.
Ah ! je ne goûterai jamais ces doux tranfports.
Par des devoirs cruels en tout tems entraînée,
Je fus à l'infortune en naiffant condamnée.

AMÉLIE.

Mais fi Monfieur d'Olban n'eft pas de votre goût,
Si vous ne l'aimez point, qui vous force après tout
A l'époufer ? De vous n'êtes-vous pas maîtreffe ?

CÉCILE.

Je ne fais : je voudrois remplir les derniers vœux
D'un époux qui pour moi montra tant de tendresse.
Au moment où fa mort alloit brifer nos nœuds,
« De mes biens, me dit-il, je vous fais héritière :
» J'ai pourtant un neveu ; mais, Cécile, j'efpere
» Que peut-être à fon fort uniffant vos deftins,
» Vous lui rendrez ces biens que je laiffe en vos
 » mains.
» Puiffe mon cher d'Olban vous aimer & vous
 » plaire ! »

AMÉLIE.

Mais à vous plaire enfin s'il n'eft point parvenu ;
Si pour lui votre cœur ne fe fent prévenu,
Vous n'êtes engagée à rien, la chofe eft claire.
Il eft riche d'ailleurs.

CÉCILE.

   Riche ? il eft en procès.
Sa fortune eft douteufe, & dépend du fuccès.
Il a des ennemis.

AMÉLIE.

   Oui, fa franchife auftère
Révolte trop fouvent en ne déguifant rien.

CÉCILE.

Je ne hais pourtant pas en lui ce caractère.
S'il n'eft homme du monde, il eft homme de bien ;
Je l'eftime, & peut-être un fentiment plus tendre

M'eût-il enfin sans peine engagée à l'entendre,
Si mon cœur eût été libre comme le sien.

AMÉLIE.

Quoi ! vous tenez encore à ce premier lien ?
Et la mort d'un époux . . . . .

CÉCILE.

Cesse de t'y méprendre,
Amélie, & connois l'objet de ma douleur.
Quand j'époufai d'Orfeuil, la volonté d'un père
Me fit de cet hymen un malheur néceffaire.
On ne donna ma main qu'en déchirant mon cœur.

AMÉLIE.

Voilà donc le fujet de la mélancolie
Dont le fombre nuage obfcurcit vos beaux jours.
Peut-être d'autres feux votre ame alors remplie.....

CÉCILE.

Ils ne font pas éteints, & j'en brûle toujours.
Quand on aime une fois, n'eft-ce pas pour la vie ?
Je ne fuis point coupable. Hélas ! par mes parens
Cet amour malheureux fut approuvé long-tems.
Une Religion profcrite par le Prince,
En deux partis encor divife ma Province.
De la fecte un Miniftre, appellé Lifimon,
Demeuroit avec nous dans la même maifon.
Imprudent au défert il inftruifoit fes frères.
Attaché par malheur à des erreurs trop chères,
S'il n'eût eu des vertus, hélas ! qu'aurions-nous
    fait ?

Un homme fastueux qui, dans notre patrie,
De mon père long-tems occupa l'industrie,
Lui fit perdre en mourant tout ce qu'il lui devoit.
J'étois bien jeune alors. Réduite à la misère,
Ma mère étoit en pleurs. J'étois sur ses genoux,
Et je pleurois aussi de voir pleurer ma mère.
Mon père seul, debout, l'œil attaché sur nous,
Gardoit, en nous fixant, un silence farouche.
Pas un mot, un soupir n'échappoit de sa bouche :
On eût dit qu'il avoit perdu le sentiment,
Quand Lisimon entra. « J'apprends en ce moment
» Vos malheurs, lui dit-il : consolez-vous, mon
          » frère,
» Car vous l'êtes encore : enfans du même père,
» A nous aider l'un l'autre il nous daigne inviter ;
» Nous l'aimons, il nous aime ; il faut donc
          » l'imiter.
» Je viens pour vous offrir ce que la Providence
» A mis en mon pouvoir, un asyle & des soins :
» Venez chez moi. Mon sort est loin de l'opulence ;
» Mais je peux quelque tems fournir à vos besoins,
» Et nous partagerons le peu que je possede,
» Jusqu'à ce qu'à vos maux trouvant quelque re-
          » mède,
» En votre ancien état on vous ait rétablis ».
En finissant ces mots, qui m'ont été depuis
Répétés tant de fois, ses lèvres me sourirent ;
Il me prit par la main & m'emmena chez lui,

Où mon père & ma mère en pleurant nous fuivi-
  rent.

AMÉLIE.

Ce que vous dites là me paroît inoui.
Tant de vertu m'étonne. Achevez, je vous prie,
Un récit, qui déja m'a fi fort attendrie.
Que votre état, Cécile, étoit trifte & touchant !
Parlez ; que fit enfin cet homme refpectable ?

CÉCILE.

Quoiqu'il fût pauvre auffi ; bienfaifant , chari-
  table ,
Hélas ! il foulagea nos maux en les cachant.
Il fit fecrettement une quête abondante ,
Qui pour tout réparer fut plus que fuffifante.
Mais de nos bienfaiteurs ne nous féparant plus ,
Nous ne fîmes dès-lors qu'une même famille ,
Et Lifimon fembla m'adopter pour fa fille.
Tandis que mes parens , à l'ouvrage affidus ,
Travailloient l'un & l'autre , & par reconnoiffance
Tâchoient d'entretenir leurs hôtes dans l'aifance ;
Lifimon m'élevoit avec le jeune André.
C'eft ainfi qu'on nommoit fon fils , qui de mon
  âge . . . . . .

AMÉLIE.

J'entends. Un doux penchant . . . . .

CÉCILE.

                    Fut le fatal ouvrage ,
Du tems qui dans nos cœurs le forma par degré.

Le

Le miniſtre entre nous partageoit ſa tendreſſe.
Il n'étoit qu'un ſeul point où ſa délicateſſe
De m'inſtruire à ma mère avoit laiſſé l'emploi,
En ſuivant ſes erreurs, il reſpectoit ma foi.
L'amitié, qui d'abord uniſſoit notre enfance,
S'accrut avec les ans & fit place à l'amour.
On approuvoit nos feux, & pour cette alliance
Nos parens de concert avoient fixé le jour,
Quand un ſoudain trépas nous enleva ma mère.
O mon Dieu ! s'il eſt vrai que réprouvé du Ciel
Cet hymen à tes yeux ait paru criminel,
N'étoit-ce qu'en frappant une tête ſi chère,
Que tu pouvois, hélas ! rompre ces triſtes nœuds ?
Que ce coup fut cruel ! Dans le fond de mon ame
La plaie en ſaigne encore, & rien jamais.....

S C E N E   V I.

CÉCILE, AMÉLIE, PICARD.

PICARD *à Cécile.*

Madame,
Monſieur d'Olban arrive, & je viens en ces lieux
De voir un de ſes gens qui précede ſon Maître.

CÉCILE *à Picard.*

Que dis-tu ?

B

PICARD.

Dans Toulon il est déja peut-être.

CÉCILE.

Quoi ! d'Olban ? quoi ! sitôt ? Son procès est fini,
Voici l'instant fatal, il faut prendre un parti ;
Le tems presse, il le faut. Rentrons, je suis trem-
    blante,
Je ne sais que résoudre, & mon sort m'épouvante.

Fin du premier Acte.

L..... iac, confondu parmi des scélérats,
... partage l'horreur et l'effroi qu'ils inspirent...

Act. II.

ACTE II.

SCENE PREMIERE.

M. d'OLBAN, le Comte d'ANPLACE.

LE COMTE *allant pour l'embrasser.*

Oui, le voilà lui-même..... Ah ! c'est de tout
   mon cœur,
Mon cher & digne ami.....
       D'OLBAN *se reculant.*
          Votre ami? moi, Monsieur ?
Non, je n'ai plus d'amis.
       LE COMTE.
          Que dis-tu ? quel vertige ?
Ne reconnois-tu pas ?.....
       D'OLBAN.
          Je n'en ai plus, vous dis je.
Je suis ruiné.
       LE COMTE.
      Vous ?
       D'OLBAN.
         Ruiné tout-à-fait.
Il ne me reste rien, mon désastre est complet.
             B ij

LE COMTE.

Quoi ! vous êtes jugé ? Votre affaire . . . . .

D'OLBAN.

            Eſt au diable

LE COMTE.

Vous deviez en attendre un plus heureux ſuccès.
Pour vous de ce procès le droit indubitable . . . . .

D'OLBAN.

Et l'aurois-je perdu, s'il eût été mauvais ?
Que je ſuis malheureux ! j'aimai toujours les hom-
     mes.
Tout méchans qu'on les voit dans le ſiècle où nous
     ſommes,
Je leur voulois du bien ; & de ce fol amour
Voilà quel eſt le prix & l'indigne retour !

LE COMTE.

Le coup eſt accablant ; mais la tendre Cécile
T'aſſûre en ton naufrage un port ſûr & tranquile.
Va, ne plains pas ton ſort qui doit s'unir au ſien ;
Elle a fait mon bonheur, peux-tu douter du tien ?

D'OLBAN.

Comment ?

LE COMTE *vivement.*

     A mon amour elle accorde Amélie,
Et de ſes biens en dot lui donne une partie.

D'OLBAN.

Il ſe fait donc encor quelque bonne action !

LE COMTE.

Ce jour verra fans doute une double union.

D'OLBAN.

Mon ami, vous voulez que j'aime encor la vie.
Mais qui fait après tout ? je fuis fi malheureux !
Peut-être que Cécile..... on vient, c'eft fon amie ;
Je vous quitte.

LE COMTE.

Et pourquoi ? quel motif à fes yeux
Te fait.....

D'OLBAN.

De mon malheur gardez de lui rien dire.

LE COMTE.

Quoi ?

D'OLBAN.

Je veux que Cécile apprenne tout de moi
Jufqu'au fond de fon ame alors je faurai lire,
Je veux voir quel effet.....

LE COMTE.

Eh bien, éloigne-toi.
Elle viendra bientôt ; chez moi tu peux m'attendre,
Et j'irai t'avertir.

SCENE II.

LE COMTE, AMÉLIE.

LE COMTE.

A L'ardeur de mes feux
Rien ne s'oppose plus, & l'amant le plus tendre
Va donc aussi, Madame, être le plus heureux.
Un nœud saint doit bientôt nous unir l'un à l'autre,
Et mon bonheur aura sa source dans le vôtre.

AMÉLIE.

Ah ! Monsieur, ce bonheur que nous nous promet-
    tons,
Sera toujours pour moi bien mêlé d'amertume,
Tant que je verrai celle à qui nous le devons,
En proie à des chagrins dont l'excès la consume.

LE COMTE.

Et quel peut donc, Madame, en être le sujet ?
Je vois que la fortune, ainsi que la nature,
Des plus rares bienfaits la comble sans mesure.

AMÉLIE.

Le sort sur tant de dons verse un poison secret.
Cécile de son cœur m'a confié la peine,
Votre ami s'est flatté d'une espérance vaine.

LE COMTE.

D'Olban ?

Amélie.

N'eft point aimé. Dites-lui franchement,
Qu'il ne doit plus fonger à cet engagement.
L'honnête - homme jamais ne peut trouver de
     charmes
A des nœuds qu'une femme arrofe de fes larmes.
Dites-lui . . . . .

Le Comte.

Moi, Madame ? Y penfez-vous, hélas !
Qu'au fein de mon ami je porte le trépas ?
Que dans le défefpoir je plonge un miférable . . . . .
Que peut-être déja trop d'infortune accable ?
Ah ! que m'apprenez-vous ? elle ne l'aime pas !
Ciel ! voilà le feul coup qui lui reftoit à craindre.
O malheureux ami !

Amélie.

Cécile eft plus à plaindre.
Je la vois ; laiffez-nous, & courez la fervir.

Le Comte *en s'en allant , tandis qu'Amélie va au-*
     devant de Cécile.

Non, cet ordre eft cruel, je ne puis le remplir.

B iv

SCENE III.

AMÉLIE, CÉCILE.

CÉCILE.

JE le dois, je le veux, j'y suis déterminée;
Oui, je le suis enfin. Contre cet hyménée
Je sens plus que jamais mon cœur se révolter.
Sur le don de ma main qu'il cesse de compter,
Je lui découvrirai les secrets de mon ame.
Il verra qu'attachée à sa premiere flamme,
Par un charme plus fort que le tems & que moi,
Elle est, mon cher André, toujours pleine de toi !

     (*A Amélie.*)

Ecoute jusqu'au bout le malheur de Cécile.
On craignit qu'à l'erreur mon cœur ne fût do-
    cile,
Et ma mère en mourant exigea d'un époux
Qu'il s'opposât lui-même à des liens si doux.
Hélas ! que pour tous trois cette loi fut cruelle !
Mais mon père en pleurant y demeura fidelle.
Il fallut nous quitter ; juge de nos adieux.
Voulant nous séparer, nous embrassant encore.....
Ce spectacle toujours est présent à mes yeux,
Et nourrit dans mon cœur l'ennui qui le dévore.

AMÉLIE.

Que devinrent enfin ces hôtes si chéris?
En quels lieux . . . . .

CÉCILE.

Lisimon, son épouse & leur fils,
Dans un hameau voisin d'abord se retirerent,
Et du pays bientôt tout-à-fait s'éloignerent.
Vers ce tems-là d'Orfeuil, revenant de Cadix,
Passa par la Rochelle, & s'en vint chez mon père
Commander quelque ouvrage. Il m'y vit ; je lui plus,
Quoique je fusse alors loin de songer à plaire.
On conclut mon hymen ; & je m'y résolus,
Parce que je voyois toucher à la vieillesse
Mon père dont le sort allarmoit ma tendresse.
Mais de mon sacrifice, hélas ! il jouit peu.
A peine il m'avoit vu former ce triste nœud,
Qu'allant dans le tombeau se réjoindre à ma mère,
Sans regrets dans mes bras il finit sa carrière.
Heureuse ! si plutôt la mort tranchant mes jours,
De mes longues douleurs eût abrégé le cours !

AMÉLIE.

O femme vertueuse autant qu'infortunée !
Quel modèle accompli le Ciel nous offre en vous !
Toujours à votre sort soumise & résignée,
Vous n'en fites pas moins le bonheur de l'époux
A qui vous gémissiez de vous voir enchaînée.

CÉCILE.

Ah ! tu ne conçois pas quels tourmens j'ai soufferts;
Que l'hymen est affreux, quand détestant nos fers,
Martyres d'une chaîne, à des amans si douce,
Dans les bras d'un mari que notre cœur repousse,
Son amour nous accable, & qu'il faut par devoir
Feindre des sentimens que l'on ne peut avoir !
Oui, je puis l'attester, d'une femme sensible,
En des liens pareils, le destin est horrible;
Et tout ce que pour nous la vertu fait alors,
C'est que dans cet enfer nous sommes sans remords.

AMÉLIE.

Et n'avez-vous depuis jamais eu de nouvelle
Du malheureux André, de ses dignes parens?

CÉCILE.

Non. Puisse, hélas ! de Dieu la bonté paternelle
Avoir versé sur eux ses bienfaits les plus grands !
Puisse-tu, cher amant, moins tendre & plus tran-
        quile,
Ne te plus souvenir de ta triste Cécile,
Et loin d'elle goûter ce repos, ce bonheur
Que jamais loin de toi ne trouvera mon cœur !

AMÉLIE.

Comment? Vous ignorez.....

CÉCILE.

            Ils ont changé d'asyle.
Quand mon époux vivoit, il ne convenoit pas

Que j'en fuſſe occupée , & depuis ſon trépas
Mes recherches, mes ſoins, tout devient inutile.
Non, je n'eſ⸺e pas de jamais le revoir.
A de nouveaux liens ſi ma main ſe refuſe,
Ne crois pas que ce ſoit dans ce frivole eſpoir,
Ni qu'à ce point, hélas ! je me flatte & m'abuſe.
Mais libre maintenant , n'obéiſſant qu'à moi ,
Sans un crime réel puis-je engager ma foi,
Lorſqu'au pied des autels je ſentirois mon ame ,
Démentant mes ſermens, brûler d'une autre flamme?
Non, d'Olban ; c'en eſt fait, il n'y faut plus ſonger.
Par vertu , par devoir , par égard pour vous-
    même ,
Je ne peux..... Le voici ; qu'il vienne me juger ,
Qu'il voie & qu'il prononce. Ah ! s'il eſt vrai qu'il
    m'aime ,
Répondre à ſes deſirs, ce ſeroit l'outrager.

SCENE IV.

CÉCILE, AMÉLIE , M. D'OLBAN.

D'OLBAN *à Cécile.*

Quoiqu'attiré vers vous par l'amour le plus
    tendre ,
Madame, j'avourai que je ne comptois pas

Moi-même de si près suivre à Toulon vos pas.
Je vous revois plutôt que je n'osois l'attendre.

CÉCILE.

On a donc à la fin jugé votre procès ,
Et vous nous en venez annoncer le succès,
Il est gagné sans doute.

D'OLBAN.

Il est perdu, Madame,

CÉCILE.

Il est perdu ! Qu'entends-je ?

D'OLBAN.

Epargnez à mon ame
Un détail révoltant.

CÉCILE.

Comment ? vos ennemis
Ont pu . . . . . .

D'OLBAN.

Bon , aux méchans rien n'est jamais contraire,
Tout est pour eux.

CÉCILE.

Vos biens ?

D'OLBAN.

Madame , il les ont pris,
Et m'ont laissé l'honneur dont ils n'avoient que
faire.

Mes amis m'entouroient quand de ce jugement
On m'eſt venu porter la fatale nouvelle.
Auſſitôt chacun d'eux m'embraſſe triſtement,
M'aſſûre de nouveau d'une amitié fidelle,
Crie à l'iniquité, plaint mon ſort, & s'enfuit.
Je me ſuis éloigné. Qu'aurois-je fait ? du bruit ?

CÉCILE.

Ah ! Monſieur, ſi l'on voit des gens durs, inflexi-
  bles,
Croyez qu'il eſt encor quelques ames ſenſibles,
Qui, des infortunés partageant les douleurs,
Recueillent leurs ſoupirs & tariſſent leurs pleurs.
Dépouillé, méconnu par des hommes perfides,
Vous avez des amis, peut-être plus ſolides,
Qui ſe croiront heureux, ſi vous leur permettez....

D'OLBAN.

Madame, il eſt trop vrai, vous ſeule me reſtez.
Vous allez ou finir, ou combler ma misère.
Je ne vous dirai plus combien vous m'êtes chère
Vous le ſavez aſſez. Avant ce coup fatal,
Tandis qu'à votre ſort le mien étoit égal,
Brûlant à vos genoux de l'amour le plus tendre,
Je briguois une main, à laquelle en mourant
Votre mari daigna m'ordonner de prétendre.
Ma fortune eſt changée, & je ſuis maintenant
Par un revers affreux réduit à l'indigence :
Mais le ſort ne m'a point fait changer avec lui,

Comme autrefois je fus riche sans insolence,
Je saurai sans bassesse être pauvre aujourd'hui.
Je viens vous déclarer qu'ici mon infortune
Ne doit auprès de vous rien faire en ma faveur ;
Car votre ame n'est pas de la trempe commune,
Et je ne vous veux point devoir à mon malheur.
Oubliez qu'un époux, dont vous étiez chérie,
Souhaita cet hymen en terminant sa vie ;
Oubliez qu'avec vous j'en devois hériter ;
Ce n'est que votre cœur qu'il vous faut consulter.
Gardez que la pitié sur-tout s'y fasse entendre,
Je n'en ai pas besoin. Si vous ne trouvez point
Dans le fond de votre ame un sentiment plus
     tendre ;
Si l'amour à l'estime en effet ne s'y joint,
À vous, à votre main, Madame, je renonce.
Je reviendrai bientôt savoir votre réponse ;
Adieu, consultez-vous, je vous laisse y songer.

SCENE V.

CÉCILE, AMÉLIE.

CÉCILE.

EH bien, ma chère, eh bien, suis-je assez malheu-
     reuse ?
Vois l'abîme où le sort vient de me replonger.

AMÉLIE.

A vous perfécuter fa conftance eft affreufe ;
Mais . . . . .

CÉCILE.

Il eft ruiné !

AMÉLIE.

Dans fon adverfité
On peut le fecourir, fans qu'il faille . . . . .

CÉCILE.

Que faire ?
Il n'a plus rien ; je fuis fa reffource dernière !

AMÉLIE.

J'apperçois un forçat qui vient de ce côté ;
Retirons-nous, Madame.

CÉCILE.

O ma chere Amélie !
Penfe, penfe à d'Olban : le voilà ruiné.
Veux-tu qu'en cet état il foit abandonné ?

AMÉLIE.

Non, il eft des moyens..... mais rentrons, je vous
prie.
Voyez, cet homme approche, il a quelque def-
fein.
Nos gens font éloignés. Pardonnez ma foibleffe ;
De ma frayeur ici je ne fuis pas maîtreffe.

CÉCILE.

Oui, rentrons. Ah ! quel coup ! quel étrange
    deftin !
O Ciel ! eft-ce donc peu du malheur qui m'op-
    prime !
Et des malheurs d'autrui dois-je être encor victime ?

SCENE VI.

ANDRÉ *feul.*

LEs voilà qui s'en vont. Elles femblent me fuir,
L'épouvante à ma vue a paru les faifir,
Et mon abord ici fait qu'elles fe retirent.
Je ne puis les blâmer : leur crainte eft jufte, hélas !
Enchaîné, confondu parmi des fcélérats,
Je partage l'horreur & l'effroi qu'ils infpirent.....
    Ah ! je m'y fuis mal pris. Près d'elles je devois
Par quelqu'un de leurs gens tâcher d'avoir accès.
Leur pays eft le mien. Cette raifon peut-être
Les intéreffera pour moi plus vivement.
Pour les fentimens doux leur fexe paroît naître,
Et formé pour aimer, s'attendrit aifément.
    O digne & trifte objet d'une funefte flamme !
Vous, dont le fouvenir vit toujours dans mon
    ame !

Pour

Pour qui je brûle encor de cette même ardeur,
De ce feu qui jadis nous charmoit l'un & l'autre,
Quand nous penfions toucher au comble du bon-
    heur ;
Que ne puis-je en ces lieux trouver dans quelque
    cœur
La fenfibilité qui régnoit dans le vôtre,
Sa bonté généreufe & fon humanité !
    L'auriez-vous dit, hélas ! vertueufe Cécile !
(Pardonnez, fi ce nom fi cher, fi refpecté,
M'échappe dans un lieu par l'opprobre habité.)
L'auriez – vous dit, qu'un jour la chaîne la plus
    vile ? . . . . .
Sort injufte & barbare, avois-je mérité ? . . . . .
Mais que dis-je ? à préfent fur ce même rivage
Mon père gémiroit, fi pour lui mon amour
Ne m'eût fait librement demander l'efclavage.
C'eft pour lui qu'enchaîné dans ce trifte féjour. . . . .
    Hélas ! en mes malheurs j'aurois plus de con-
    ftance,
Si le Ciel fur moi feul épuifoit fa vengeance !
Peut-être l'infortune accable mes parens.
Soulagez-les, mon Dieu ! . . . s'ils font encor vivans.
    Je mouille en vain ces bords de mes larmes
    ameres,
Et l'heure me rappelle au vaiffeau détefté,
A ce féjour de honte & de calamité.

C

Allons : mais fi je vois fortir ces étrangeres,
J'irai prier alors quelqu'un de leurs valets
De vouloir à leurs pieds conduire un miférable :
J'y mettrai ma douleur , mes peines , mes fou-
     haits ;
Elles auront pitié du deftin qui m'accable.

Fin du fecond Acte.

voici, voici l'inſtant affreux
Ou je ſens tout le poids du deſtin qui m'accable.

Acte III

ACTE III.

SCENE PREMIERE.

CÉCILE, AMÉLIE.

CÉCILE.

VIENS me féliciter du triomphe pénible
Que je remporte enfin sur ce cœur trop sensible.
J'épouserai d'Olban. Je l'ai fait avertir ;
Pour avoir ma réponse il doit bientôt venir :
Oui, qu'il vienne, je vais lui donner ma parole.
Une seconde fois, ma chère, je m'immole.

AMÉLIE.

Hélas ! qu'un tel parti doit vous avoir couté !

CÉCILE.

J'ai combattu beaucoup, j'ai long-tems résisté.
J'étois au désespoir ; & d'un effort semblable
Je n'aurois jamais cru que mon cœur fût capable,
Je sens de la vertu l'enthousiasme heureux.
Suivons, puisqu'il le faut, un devoir rigoureux.
Nous n'avons qu'un instant à rester sur la terre,
Dans cet instant du moins au Ciel tâchons de plaire.
Qu'une si courte vie a pourtant de douleurs !

Et qu'elle paroît longue à paffer dans les pleurs !

AMÉLIE.

Vous n'en verferez plus. Non, ma chere Cécile,
Et le Ciel . . . . .

CÉCILE.

         Je ne fais, mais je l'ofe efpérer.
Il me femble déja que je fuis plus tranquille.
Mon cœur moins agité commence à refpirer ;
De ce calme imprévu moi-même je m'étonne.

AMÉLIE.

Tel eft de la vertu le favorable effet.
Au plus grand facrifice, alors qu'elle l'ordonne,
Elle attache toujours un charme, un prix fecret.
Vous avez triomphé d'une inutile flamme :
Libre enfin . . . . .

CÉCILE.

         Que dis tu ? moi ? je n'ai plus d'amour ?
André ne m'eft plus cher ? Ah ! peut-être mon ame
Jamais de tant de feux n'a brûlé qu'en ce jour.
Avec le même excès je l'aime, je l'adore.
Je trouve du plaifir, en me facrifiant,
A penfer que de lui je fuis plus digne encore.
A ma place, me dis-je, il en feroit autant ;
Et cette douce idée en fecret m'encourage,
Confole mon efprit, l'affermit davantage.
Tu ne l'as pas connu, cet amant généreux,
Tu ne fais pas combien il étoit vertueux.
Jamais . . . . .

AMÉLIE.

Voici d'Olban ; Cécile, je vous quitte.
Souffrez que fans tarder le Comte apprenne aufſi
Que vous allez enfin rendre heureux fon ami.
Je cours l'en informer.

SCENE II.

CÉCILE, M. D'OLBAN.

CÉCILE.

QUoi ! je fuis interdite !
En le voyant déja je commence à trembler !...
Remettons-nous : il n'eſt plus tems de reculer.

D'OLBAN.

A vos ordres, Madame, empreſſé de me rendre,
Plein de crainte & d'eſpoir, de vous je viens ap-
    prendre
Ce que vous daignerez ordonner de mon fort.

CÉCILE.

Si ma main en effet peut le rendre propice.....
Elle eſt à vous, Monſieur; que l'hymen nous uniſſe.

D'OLBAN *lui baifant la main avec tranſport.*

Ah ! que je la reçois, Madame, avec tranſport !
De ma félicité mon ame eſt enivrée.
Mes deſtins font changés. Cette main adorée
Efface tous les maux que les hommes m'ont faits.

CÉCILE.

Vous savez l'amitié que j'ai pour Amélie.
Je l'engage à vouloir accepter mes bienfaits ,
Afin qu'avec le Comte elle puisse être unie.
Ma fortune permet.....

D'OLBAN.

Eh ! que me parlez-vous
De fortune, de biens ? Je les méprise tous.
Par ce don généreux, en faveur d'une amie,
A mes regards encor vous êtes enrichie.
Je suis l'ami du Comte, & sans doute il m'est doux
De voir que nous allons tous être heureux ensemble.
Ah ! puisqu'ici du Ciel la bonté nous rassemble,
Daignez céder , Madame, à notre empressement,
Et qu'à jamais beni par les uns & les autres
Ce jour fixe à-la-fois leurs destins & les nôtres.

CÉCILE.

Vous avez ma parole ; il faut dès ce moment
Que je regle mes vœux, mes desirs sur les vôtres.

D'OLBAN.

Je vais pourvoir à tout, & reviens à l'instant.
Voyons de mon malheur si ce jour me délivre,
 (*A part.*)
Si le sort dans ses bras osera me poursuivre.

SCENE III.

CÉCILE *seule.*

DAns mes bras !... Quoi ! pour lui ces bras vont
    donc s'ouvrir !
Un nœud indiffoluble avec lui va m'unir !
On a pu m'arracher cette promeffe affreufe !
Qu'ai-je fait ? qu'ai-je dit ? eft-il vrai , malheu-
    reufe ? ....
Eh bien , oui , cher amant , il recevra ma foi ;
Mais l'amour, mais le cœur feront toujours à toi.
Je vais dans les regrets finir ma trifte vie.
Me puniffe le Ciel , fi jamais je t'oublie !
Ma confolation , mon unique plaifir ,
Mon emploi le plus doux, jufqu'à ce que je meure,
Seront de conferver ton tendre fouvenir,
De m'occuper de toi , d'y fonger à toute heure,
De gémir en fecret fur la fatalité
Qui trompa fi long-tems ma recherche inquiete.
Ah ! toi-même pourquoi me cacher ta retraite ?
Que ne viens-tu ?... Mais non , non , refte défor-
    mais ;
En quel lieu que tu fois.... ah ! ne reviens jamais,
Tu reviendrois trop tard !... Où donc eft Amélie ?
D'où vient que..... mais c'eft elle.

SCENE IV.

CÉCILE, AMÉLIE.

CÉCILE *courant se jetter dans les bras d'Amélie.*

Il est fait, mon amie,
Ce cruel sacrifice ! il est fait, j'ai promis.
Peux-tu m'abandonner dans l'état où je suis ?

AMÉLIE.

Eh ! quoi ? je vous retrouve affligée, abattue ?
Cécile, en vous quittant, me serois-je attendue
A ce prompt changement ? Tout-à-l'heure à vous voir
On eût dit.....

CÉCILE.

Je tâchois de m'aveugler moi-même.
J'espérois (fol espoir d'une douleur extrême !)
Me donner de la force, en feignant d'en avoir.
Je m'étois étourdie, & ce moment d'ivresse
M'a mieux livrée ensuite à toute ma foiblesse.
Je l'épouse ce soir !... Nous irons toutes deux
Former en même tems ces redoutables nœuds.
Mais quelle différence, hélas !

AMÉLIE.

O mon amie !
Que ne puis-je pour vous, aux dépens de ma vie...!

CÉCILE.

Je ferai près de toi. L’afpect de ton bonheur,
Quand je tendrai mes mains à cette chaîne affreufe,
De ce moment peut-être affoiblira l’horreur.

AMÉLIE.

Efpérez plus ; le Ciel vous fit trop vertueufe
Pour ne pas à la fin devoir vous rendre heureufe.
Vous eftimez d’Olban. L’habitude, le tems
Feront naître pour lui de plus doux fentimens,
Et l’on vient quelquefois à trouver mille charmes
Aux fuites d’un hymen commencé dans les larmes.
Peut-être pourrez-vous oublier.....

CÉCILE.

Non, jamais.
De cet amant chéri je vois toujours les traits ;
Je ne peux un moment écarter fon image.
Veux-tu que je te dife encore davantage ?
A préfent même, hélas ! il me femble le voir,
Me reprochant déja mon nouveau mariage ,
Mettre à mes pieds ici fes pleurs, fon défefpoir.
Je ne fais quelle voix dans le fond de mon ame
Semble crier : « Arrête, il vient, il eft tout près ;
» L’éclat de la vertu releve fes attraits ;
» Garde-toi d’achever, & de trahir fa flamme » !
Oui, tu peux me blâmer, mais ce preffentiment
Me tourmente avec force, il me trouble & m’ac-
    cable.
Je crois qu’il fera vrai. Tu verras fûrement,

Dès que j'aurai formé ce lien déplorable,
Tu verras le destin me ramener André ;
Je le retrouverai, te dis-je, & j'en mourrai.

AMÉLIE.

Eh ! pourquoi voulez-vous accroître ainsi vos
　　　peines
Par des illusions si tristes & si vaines ?

S C E N E   V.

CÉCILE, AMÉLIE, PICARD.

PICARD à Cécile.

MAdame, un des forçats qui sont là sur le bord,
Demande à vous parler. Il m'a vu près du port,
Et m'est venu prier d'une façon touchante
De tâcher d'obtenir cette grace de vous.
Il a dans son malheur l'air honnête & bien doux.
Je m'en suis informé, tout le monde le vante ;
On dit que dans la ville il est considéré,
Et, si vous permettez, je vous l'amenerai.
C'est un galérien d'une espece nouvelle.

CÉCILE.

Qu'il vienne.

AMÉLIE au laquais qui sort.

　　　Cependant tenez-vous près d'ici,
Ne vous éloignez point, au cas qu'on vous appelle.

S C E N E V I.

CÉCILE, AMÉLIE, ANDRÉ.

Amélie.

Que veut donc ce forçat ? Quel eſt..... mais le
   voici.
C'eſt lui qui ce matin.....

Cécile.

        Sa démarche eſt timide,
Il s'avance à pas lents.

André *s'arrêtant dans le fond du Théatre.*

          A l'eſpoir qui me guide,
Quelle frayeur ſe mêle ! Ah ! que je ſuis troublé !
Non, la honte jamais ne m'a tant accablé,
Et jamais la fierté qu'inſpire l'innocence,
Pour ſoutenir mon cœur n'eut ſi peu de puiſſance.

Cécile *tirant ſa bourſe & y prenant de l'argent.*
C'eſt un infortuné. Faut-il être inhumains
Parce qu'il fut coupable ? Il n'eſt que plus à plaindre,
Et je veux l'aſſiſter.

Amélie *à André qui ſe tient éloigné.*
         Approchez ſans rien craindre.
Cécile *lui préſentant de l'argent.*
Tenez ; que ce ſecours ſoulage vos deſtins !

ANDRÉ *se reculant sans prendre l'argent, & levant les*
mains au ciel.

Vous m'exaucez, mon Dieu ! je trouve enfin une
ame
Sensible à mes douleurs.

(*Puis s'avançant vers Cécile, les yeux baissés & dans*
une posture suppliante.)

          Oui, sans doute, Madame;
Vous les pouvez finir..... Je suis trop malheureux
Pour qu'à mes maux ici l'argent puisse rien faire.
Ce sont d'autres bontés, Madame, que j'espere;
Et je viens implorer des soins plus généreux.

CÉCILE *à part, fixant le galérien avec un mouvement*
de surprise.

Quel son de voix ! quels traits !

                    ANDRÉ.

          J'eus un père.... une mère.....
Hélas ! les ai-je encore !.... Un silence profond
Me laisse dès long-tems ignorer ce qu'ils font.

                    CÉCILE *à part.*

O Dieu !

                    ANDRÉ.

          S'ils sont vivans, leur misere est extrême.
Vous êtes, m'a-t-on dit, de la Province même
Où depuis mon malheur ils ont pu retourner.
Madame, daignez prendre & leur faire donner
Cet argent amassé par un travail pénible.
Faites leur dire.....

CÉCILE.

Quoi !

ANDRÉ.

Qu'à son sort peu sensible
Leur fils ne pleure ici , ne gémit que sur eux ,
Et qu'au milieu des fers . . . . .

CÉCILE *à part.*

Si j'en croyois mes yeux.....
J'en rougis.

AMÉLIE.

Il me touche.

CÉCILE *se retournant vers Amélie.*

O ciel ! ô mon amie ,

AMÉLIE.

Comment concilier des sentimens si grands
Avec ces fers honteux , ces marques d'infamie !
(*A part.*)   CÉCILE *à André.*
Non, il n'est pas possible... Eh bien donc, vos parens ?
En quels lieux étoient-ils , lorsque vous les quit-
     tâtes ?
Dites-moi dans quel tems vous vous en séparâtes?
Si je peux vous servir , je m'en applaudirai.
Depuis quand n'avez vous reçu de leurs nouvelles ?

ANDRÉ *toujours les yeux baissés.*
Depuis plus de sept ans que des chaînes cruelles
Me retiennent.

CÉCILE.

Sept ans !

ANDRÉ *toujours les yeux baissés.*

Quand je m'en séparai
Pour venir habiter ce rivage funeste,
A peine en Languedoc nous établissions-nous.
Nous quittions la Rochelle, où la Bonté Céleste
Nous avoit fait long-tems jouir d'un sort plus doux.

CÉCILE *vivement.*

Que dis-tu ? La Rochelle ?... Et c'est votre patrie ?

ANDRÉ.

Oui, Madame.

CÉCILE.

Achevez.

AMÉLIE.

Que je suis attendrie !

CÉCILE *à André.*

Vos parens ?

ANDRÉ.

Sont sans nom, dans un rang ignoré.

CÉCILE.

Chaque mot qu'il me dit est un trait de lumière.
Connois-tu Lisimon ?

ANDRÉ *levant alors les yeux sur Cécile avec*
étonnement.

Lisimon ? c'est mon père,
Madame.

CÉCILE *en se reculant & poussant un grand cri.*

C'est ton père !... Ah ! malheureux André !
(*Elle tombe évanouie entre les bras d'Amélie.*)

ANDRÉ *avec saisissement.*

Ciel ! quel nom m'a frappé ? Que vois-je ? Est-ce
bien elle ?

AMÉLIE *soutenant Cécile.*

Elle est sans connoissance... Hola ! Picard, Lucelle.
Accourez, venez tous. Dieu ! quel événement !

ANDRÉ *fixant Cécile & tout hors de lui-même.*

Quel coup de foudre, ô Ciel ! Ah ! Cécile ! Cécile !

AMÉLIE *aux laquais qui arrivent avec
précipitation.*

Venez donc, hâtez-vous. Il la faut promptement
Emporter au logis. Il sera plus facile
De lui donner alors tous les secours qu'il faut.

(*Puis collant sa bouche sur celle de Cécile.*)

O malheureuse amie !

CÉCILE *revenant de son évanouissement, & regardant
autour d'elle avec inquiétude.*

Est-il loin ? Quoi ! sitôt !
Où donc est-il allé ? Quelle raison soudaine.....
Ah !... je le vois enfin !... En quel état, mon Dieu !
Mais que veulent ces gens ?

AMÉLIE.

Souffrez qu'on vous emmene.

CÉCILE.

Moi ?

AMÉLIE.

Vous avez besoin de vous remettre un peu.

Votre faififfement vient d'être tout-à-l'heure
Si violent, qu'il faut.....

CÉCILE.

Il faut que je demeure.
Oui, je veux lui parler. Qu'ils fe retirent tous.
Eloignez-vous, vous dis-je ! Allez.....

(Les laquais fe retirent.)

ANDRÉ.

Eft-ce donc vous,
Eft-ce vous, ma Cécile ? Amante toujours chere !
Permettez qu'à vos pieds.....

*(Il s'avance vivement pour fe jetter aux pieds de
    Cécile, mais à peine a-t-il mis un genou à terre,
    que fe relevant foudain, il fe détourne avec effroi.)*

Que fais-tu, malheureux ?
Où t'alloit emporter une ardeur téméraire ?
Ah ! j'oublioi.... Voici, voici l'inftant affreux
Où je fens tout le poids du deftin qui m'accable.

*(Il va s'appuyer contre un mur, dans l'attitude d'un
    homme accablé de douleur, & en pouffant de longs
    fanglots.)*

AMÉLIE.

C'eft donc là cet André !... Rencontre épouvan-
    table !
Puifqu'il étoit ainfi, falloit-il le revoir ?

CÉCILE *regardant triftement André.*

Il paroît agité d'un fombre défefpoir.
Allons à lui..... Mais Dieu ! que pourrai-je lui dire ?

(Elle

(*Elle s'avance vers André.*)

Malheureux, devant qui mon ame fe déchire,
Modere ta douleur ; reconnois une voix
Qui fut, en d'autres tems, la calmer tant de fois.
Ah ! que ces tems font loin ! Quel changement terrible
   terrible
Leur a pu fuccéder !... Hélas ! comment mes yeux
L'auroient-ils reconnu dans ces indignes lieux,
Sous cet infâme habit, en cet état horrible !

ANDRÉ.

Que dire ? où me cacher ! O terre entr'ouvre toi !
A fa vue, à fes pleurs terre dérobe-moi !

CÉCILE.

Le fils de Lifimon !... d'un fi vertueux père !...
Celui dans qui jadis j'eus un amant, un frère !...

ANDRÉ *ayant quitté fa première attitude, & levant*
les yeux au Ciel.

Vous entendez, mon Dieu ! ce reproche acca-
  blant ;
Vous voyez que j'en bois l'amertume effroyable ;
Et pourtant vous favez de quoi je fuis coupable !

CÉCILE *paroiffant rêver profondément.*

Plus je fonge au paffé, moins je conçois comment...

AMÉLIE.

Quelque écart... une faute... un oubli d'un
  moment...
Lorfque de fon malheur nous apprendrons la caufe,

Peut-être dirons-nous qu'on eût dû le punir
Avec moins de rigueur.

CÉCILE à André.

                  Je voudrois, & je n'ose
T'interroger..... Je crains de te faire rougir.

ANDRÉ.

Rougir ? Ah ! ma Cécile ! Il est donc véritable ?
A vos regards enfin je parois méprifable !
Vous croyez en effet que c'eft le crime......

CÉCILE.

                              Hélas !
Si j'en pouvois douter, que je ferois heureufe !

ANDRÉ.

Votre ame a pu s'ouvrir à cette idée affreufe !
Qu'un autre l'eût penfé, je ne m'en plaindrois pas:
Mais vous ?

CÉCILE.

Eh ! malheureux ! que veux-tu que je penfe ?

ANDRÉ.

J'avois cru qu'on devoit davantage eftimer
Un cœur qui, fans vertu, n'eût ofé vous aimer,
Qui vous adore encor.

CÉCILE en treffaillant.

                Quoi ! malgré l'apparence !....
Ah ! j'en mourrois de joie , & tous mes fens
      d'avance.....
Mais ces chaînes ? ces fers ? ce féjour plein d'hor-
      reur ?

ANDRÉ.

Je n'ai point de remords. Plût à Dieu que mon cœur
Ne me tourmentât pas plus que ma conscience !

CÉCILE *avec transport.*

Le mien avidement reçoit cette espérance.
Parle donc, hâte-toi de me tirer d'erreur.
De quoi t'accusoit-on ? Quel complot détestable
T'a pu faire traiter comme un vil criminel ?
Explique ce mystère horrible, inconcevable.

ANDRÉ.

Je ne le puis.

CÉCILE.

Comment ? Tu ne le peux, cruel !
Te justifier ?

ANDRÉ.

Non, sans me rendre coupable.

CÉCILE *en pleurant.*

Va, tu ne l'es que trop. Laisse-moi, malheureux.
Tu te tais, mais j'entends ce silence odieux.
Toi ! des secrets pour moi ! des secrets !..... Ah !
   parjure !
En avois-tu jadis, quand ton ame étoit pure ?

ANDRÉ.

J'en ai si peu pour vous, que sur ces tristes bords
Si le crime en effet eût conduit ma jeunesse,
Dans votre sein moi-même, en pleurant ma foi-
   blesse,
J'en aurois déposé la honte & les remords.

Mais je fuis innocent. C'eft un fecret terrible,
Un fecret que m'impofe un devoir inflexible.
Il ne m'appartient pas, & vous le trahiriez.

CÉCILE.

Moi ?

ANDRÉ.

Plus je vous fuis cher, moins vous le garderiez.
Vous céderiez, Cécile, au malheur qui m'accable ;
Je ferois libre alors, & je ferois coupable.
Vous pleurez, chère amante !..... Ah ! fi je vous
    difois .....
Pleurez mon infortune, & non pas mes forfaits.
Je fais que tout m'accufe..... Eh bien, tout vous
    égare.
La vertu nous unit, le malheur nous fépare.
Ne demandez plus rien. Adieu, Cécile, adieu.
Pour ne me voir jamais, quittez ce trifte lieu,
Tâchez de m'oublier ; mais, je vous en conjure,
Penfez à mes parens.

———————————

SCENE VII.

CÉCILE, AMÉLIE, M. D'OLBAN, LE COMTE.

D'OLBAN *à Cécile*.

M Adame, on a fini ;
Les contrats font dreffés, & pour la fignature

Nous venons..... Me trompé-je ? O Ciel, que
    vois-je ici ?

Cécile, vous pleurez ?

LE COMTE à Amélie.

Et vous, Madame, auffi ?

AMÉLIE.

Eh ! qui ne pleureroit ?

CÉCILE portant la main à fon front.

Ma tête s'embarraffe.

(*A Amélie.*)

Ma chère, allons-nous-en ; viens, donne-moi ton
    bras.

D'OLBAN.

Que vient-il d'arriver ?

LE COMTE.

Apprenez-nous, de grace.....

AMÉLIE.

Refpectez fa douleur, & ne nous fuivez pas.

D'OLBAN.

Ma furprife eft extrême.

CÉCILE en s'en allant.

O quelle deftinée !

Qu'ai-je donc fait au fort, & pourquoi fuis-je
    née ?

D iij

SCENE VIII.

M. D'OLBAN, LE COMTE.

D'OLBAN.

QUel retour ! je m'y perds, & je n'y conçois
     rien.
Elle fe plaint du fort ; elle pleure, foupire :
Qu'a-t-elle ? Qui l'afflige ? Et que veut-elle dire ?
Quel accident foudain ?... Quoi ! fe pourroit-il bien
Que ce fût encor moi ? .... viens, quoi qu'il en
     puiffe être,
Quel que foit mon malheur, je prétends le connoî-
     noître.

Fin du troifième Acte.

grand Dieu ! m'écriais-je alors, ô mon Père! mon Père!

ACTE IV.

SCENE PREMIERE.

D'OLBAN *seul.*

JE reconnois bien là mon étoile maudite !
Vainement je la fuis , jamais je ne l'évite ;
Elle me suit par-tout. Son ascendant fatal
Vient parmi des forçats me chercher un rival.
　　Mais suis-je ici le seul! & le plus misérable !
Quoi ! je connois Cécile, & c'est moi que je plains ?
Plaignons , plaignons plutôt cette femme adorable.
Méritoit-elle , ô Ciel ! d'aussi cruels destins ?
Quels sentimens ! quelle ame , & noble & géné-
　　reuse !
Elle alloit s'immoler pour finir mes malheurs ,
Me taisoit ses combats, & me cachoit ses pleurs.
Hélas ! que je la perde, & qu'elle soit heureuse !
Mais non , le même coup nous écrase tous deux.
　　La voici. Sa démarche incertaine , égarée,
Montre le désespoir où son ame est livrée.
On entend ses sanglots, la mort est dans ses yeux,
Quel cœur ne se fendroit à ce spectacle affreux ?
Oui, la vie à présent est un poids qui m'accable,

Je ne fais comme on peut fe fouffrir ici bas.
Ah ! la terre eft vraiment un féjour effroyable,
Puifque tant de vertu , de mérite & d'appas
N'y font pas à l'abri d'un fort fi déplorable.

SCENE II.

M. D'OLBAN, CÉCILE.

(Cécile , l'air abattu , les yeux humides , & tenant un mouchoir à la main , s'avance à pas lents , s'arrête fouvent , & n'apperçoit point d'Olban , qui fe retire un peu à l'écart , en la regardant triflement.)

CÉCILE.

Où vais-je ?..... Quel défordre agite tous mes
    fens ?.....
Où porté-je mon trouble & mes pas chancelans?...
Une pente fecrette..... une force invincible
Malgré moi me ramène à ce rivage horrible!.....
Quel efpoir m'y conduit , & qu'y viens-je cher-
    cher?
C'eft dans ces lieux cruels que j'ai trouvé ma perte;
C'eft ici que tantôt ma tombe s'eft ouverte.
Ah ! pourquoi donc encor ne m'en puis-je arra-
    cher?
Quel pouvoir étonnant , quel charme enfin m'at-
    tire ?

O cœur foible & fanglant, tu ne fais fur ce bord
Qu'enfoncer plus avant le trait qui te déchire !
Tu reviens fur le coup qui t'a donné la mort !

(*Appercevant d'Olban qui s'avance vers elle.*)

Mais que vois-je ? d'Olban ?

(*Elle fe détourne d'abord, en fe couvrant le vifage
de fon mouchoir ; puis elle leve enfin les yeux fur
lui, le regarde en pleurant ; & ils reftent quelques
momens l'un & l'autre en filence.*)

D'OLBAN.

                    Je vous entends, Madame ;
Oui, c'eft m'en dire affez, & je lis dans votre ame.
Mais j'en ai fû trop tard les fecrets fentimens.
Croyez que, fi plutôt j'avois pû les connoître,
Je vous euffe épargné quelques larmes peut-être.
Ce n'eft pas pour vouloir, en ces affreux momens,
M'armer de vos bontés pour croître vos tourmens ;
Non, Madame, je viens vous rendre une promeffe
Dont je ne me pourrois prévaloir fans baffeffe.
Inftruit & pénétré de ce que je vous doi,
Sur votre exemple ici je regle ma conduite :
Par un fublime effort vous vous donniez à moi,
En renonçant à vous il faut que je l'imite,
Et je ne peux, hélas ! m'acquitter qu'à ce prix.
Que dis-je ? y renoncer ? Nous refterons unis
Par un lien moins doux, mais auffi refpectable.
Le fort fût-il pour moi cent fois plus implacable,

Malgré mon infortune & le fort ennemi,
N'étant point votre époux, je ferai votre ami.

CÉCILE.

Si d'adoucir mes maux quelque chose est capable,
C'est vraiment la pitié, la générosité
Que vous daignez montrer pour une infortunée.....
Par quels forfaits, mon Dieu, puis-je avoir mérité
Qu'à de si rudes coups vous m'ayiez condamnée?...
Ah! d'Olban! voyez donc quelle est ma destinée!
Ce n'est qu'après huit ans que je le trouve, hélas!
Et je le trouve..... Non, je n'y survivrai pas.

(*Elle porte son mouchoir sur ses yeux.*)

D'OLBAN.

Ne cachez point vos pleurs, ils sont trop légitimes.
J'en mêlerai moi-même à ceux que vous versez;
Mes malheurs m'aigrissoient, & vous m'attendrissez.

CÉCILE.

O Dieu!

D'OLBAN.

   Vous n'avez pu savoir encor quels crimes...

CÉCILE.

Il affirme, il soutient qu'il n'est pas criminel;
Je ne sais rien de plus. Il se tait sur le reste,
Et s'obstine à garder un silence funeste.
Qu'imaginer? que croire en cet état cruel?
Maintenant Amélie est à presser le Comte
De faire là-dessus une recherche prompte.
Nous nous éclaircirons, je crois, par ce moyen.

D'Olban.

Vous allez être inftruite, ils reviennent enfemble.

Cécile.

Ah ! que m'apprendront-ils ? je defire & je tremble.
Peut-être il valoit mieux tout ignorer . . . . .

SCENE III.

CÉCILE, M. D'OLBAN, AMÉLIE, LE COMTE.

Cécile *regardant le Comte avec embarras.*

EH bien ?
Que venez-vous enfin m'annoncer ?

Le Comte.

J'ai moi-même
Cherché par-tout, Madame, avec un foin extrême ;
Mais mon zèle, mes foins ont été fans fuccès.
Il faut que l'on n'ait point apporté fon procès.
Voyant de ce côté mon efpérance vaine,
J'ai demandé celui qui conduifoit la chaîne
A l'époque où je fais qu'André vint fur ce bord.
En effet, c'étoit là ma reffource dernière,
Et fans doute on en eût tiré quelque lumière,
Mais depuis l'an paffé ce conducteur eft mort.
Ainfi c'eft d'André feul, ce n'eft que de fa bouche
Que l'on peut aujourd'hui favoir ce qui le touche.

Nous devons nous réfoudre à toujours l'ignorer,
S'il perfifte à vouloir ne le point déclarer.

CÉCILE.

Il fe dit innocent.

LE COMTE.

Cela n'eft pas croyable;
Son état le dément, & prouve contre lui.
Eft-ce que dans les fers il feroit aujourd'hui ?
L'auroit-on condamné ?.....

D'OLBAN.

Je te trouve admirable;
Comme fi dans un monde, où tout va de travers,
L'homme n'étoit jamais foible, aveugle ou per-
vers.

LE COMTE.

Avouons cependant qu'il n'eft pas ordinaire
Que des Juges.....

D'OLBAN.

Tu peux t'en rapporter à moi,
Va, j'en fais, Dieu merci, quelque nouvelle.

CÉCILE.

Eh ! quoi !
Il n'eft plus vertueux..... il eft encor fenfible !
Je n'imaginois pas que cela fût poffible.
Eft-ce qu'en y verfant fes poifons corrupteurs,
Le crime en même tems n'endurcit pas les cœurs ?
J'avois cru que le vice étouffoit la nature,
Que toujours l'ame tendre étoit honnête & pure.

LE COMTE.

Ah! Madame, il ne faut qu'un inftant malheureux ;
Et pour nous l'innocence eft un dépôt des Cieux,
Qui dans nos foibles mains facilement s'altère.

CÉCILE.

Encor pour fes parens plein d'un tendre intérêt,
Il cherchoit les moyens d'adoucir leur misère ;
Il venoit m'implorer pour fon père & fa mère,
Et ce foin généreux près de nous l'attiroit.

LE COMTE.

Pour moi , je l'avourai , l'équité le demande ;
Depuis près de deux ans qu'en ces lieux je com-
      mande ,
Il s'eft toujours conduit comme un homme de bien.

AMÉLIE.

Quel contrafte inoui !

D'OLBAN.

     Moi , je n'y comprends rien.

LE COMTE.

Du refte des forçats on le diftingue , on l'aime,
Chacun veut l'employer. Je lui donne moi-même
Toute la liberté que fon état permet,
Et rends fon efclavage auffi doux qu'il peut l'être.

D'OLBAN.

J'entrevois là-deffous quelque étonnant fecret
Qu'il faut abfolument parvenir à connoître.
Mon ami , fais venir cet homme fingulier.
Je veux le voir. S'il garde avec moi le filence,

Au défaut de la voix, l'air & la contenance
Difent la vérité.

LE COMTE.

Je vais vous l'envoyer.

SCENE IV.

CÉCILE, AMÉLIE. M. D'OLBAN.

D'OLBAN *à Cécile*.

SUr tout ce que j'entends je gagerois d'avance
Qu'il n'eft pas criminel. Je le fouhaite au moins.
Laiffez-moi débrouiller ce cahos.

CÉCILE.

A vos foins

Que ne devrai-je pas, Monfieur ; & que j'admire
La grandeur de votre ame en cet événement !
Jamais elle n'a mieux paru qu'en ce moment.
Mon cœur en eft touché plus que je ne puis dire.
Je panche comme vous à le croire innocent.
Si je m'abufe, hélas ! mon erreur m'eft bien chère.

AMÉLIE.

Le voici qui s'avance.

D'OLBAN *à Cécile*.

Il faut vous retirer.

Je le pénétrerai ; mais il eft néceffaire
Que je lui parle feul.

CÉCILE.

Oui, nous allons rentrer.
Je me confie aux foins que vous voulez bien
        prendre.
Quel qu'en foit le fuccès, revenez me l'apprendre.
Ce que vous aurez fait décidera mon fort ;
Vous me rapporterez ou la vie ou la mort.

(Elles fortent.)

S C E N E   V.

M. D'OLBAN, ANDRÉ.

D'OLBAN.

APproche, mon ami, l'on dit qu'à la Rochelle
De Madame d'Orfeuil tu fus jadis l'amant.
Je fuis inftruit de tout.

ANDRÉ.

Eft-ce ainfi que s'appelle
Celui qui de Cécile eft le mari ?

D'OLBAN.

Comment ?
Ignorois-tu fon nom ?

ANDRÉ.

Oui, j'ai fû feulement
Qu'avec un homme riche elle s'étoit unie ;
C'eft tout ce que j'appris en quittant ma patrie.

Eſt-elle heureuſe au moins ? L'eſt-elle ? & ſon
　　époux
Connoît-il bien le prix du tréſor qu'il poſſede ?

D'OLBAN.

Son époux ne vit plus.

ANDRÉ *vivement.*

　　　　　Il eſt mort, dites-vous ?

D'OLBAN.

Et dans de très-grands biens Cécile lui ſuccede ;
Il l'a faite héritière.

ANDRÉ.

　　　　　O Ciel ! qu'ai-je entendu !
De ce fatal hymen le nœud ſeroit rompu !
Cécile eſt libre !... Hélas ! malheureux, que t'im-
　　porte ?
Quel délire inſenſé t'agite & te tranſporte ?
Oublieras-tu toujours ton état !

D'OLBAN.

　　　　　　　Mon ami,
Tu le peux oublier, ſi tu n'en es pas digne.
Du crime cependant tes chaînes ſont le ſigne,
Et c'eſt par les forfaits que l'on arrive ici.
Quelle autre voie eût pu t'y conduire ?

ANDRÉ.

　　　　　　Les hommes
Sont-ils juſtes toujours ?

D'OLBAN.

　　　　Toujours ? Non, ſur ma foi,

Et rien n'eft moins commun dans le tems où nous
    fommes.

ANDRÉ.

Eh bien ?

D'OLBAN.

En ferois-tu victime, ainfi que moi ?

ANDRÉ.

Je fuis innocent.

D'OLBAN.

    Va, fans peine je le croi ;
Et, fi tu me dis vrai, tu ne m'étonnes guères.
Puifque tant de fripons évitent les galères,
A leur place il faut bien … mais revenons à toi.
Nous fommes donc tous deux compagnons d'infor-
    tune ?
Je viens d'avoir un fort prefque pareil au tien,
Et contre les méchans notre caufe eft commune.
Acheve de m'inftruire, & ne me cache rien ;
Apprends-moi quel fujet … …

ANDRÉ.

    Monfieur, je dois le taire ;
Et je mériterois en effet mon malheur,
Si je vous en ofois dévoiler le myftère.
C'eft un fecret trop faint ; il mourra dans mon
    cœur.
Ne le demandez plus : déja tantôt Cécile
A fait pour l'arracher un effort inutile ;
Jugez après cela fi vous réuflirez.

E

Ah ! vous ne favez pas, jamais vous ne faurez
A quel point j'adorai cette femme accomplie,
Combien je l'aime encor. J'aurois donné ma vie,
Pour qu'il me fût permis de contenter fes vœux,
Et d'arrêter les pleurs qui couloient de fes yeux.

D'OLBAN.

Ecoute, je te vais caufer de la furprife ;
Mais le Ciel eft témoin de ma fincérité.
Je fuis vrai , tu te peux fier à ma franchife.
Ne crois point que ce foit par curiofité
Que je te preffe ainfi. Ma vue eft différente.
Sache enfin mes motifs : j'aime auffi ton amante.

ANDRÉ.

Vous l'aimez !

D'OLBAN.

Et j'allois devenir fon mari.....

ANDRÉ.

Cécile !

D'OLBAN.

A m'époufer elle avoit confenti.....

ANDRÉ.

J'étois donc oublié !

D'OLBAN.

Lorfque la deftinée
T'a fait trouver ici pour rompre un hyménée
Dont , au fond de fon cœur , Cécile gémiffoit.
Ce n'eft que mon malheur qui la déterminoit
A me donner la main.

ANDRÉ *avec enthousiasme.*

Ah ! voilà bien son ame !
C'est ainsi qu'elle pense, & je la reconnois.

D'OLBAN.

Elle m'avoit caché ses sentimens secrets ;
Mais, dès que j'ai connu sa douleur & sa flamme,
J'ai renoncé moi-même à former des liens
Qui, terminant mes maux, auroient comblé les
  siens.
Je veux, si tu n'y mets un obstable invincible,
Vous rendre heureux tous deux.

ANDRÉ.

O Ciel ! est-il possible ?
Moi, Monsieur, je serois.....

D'OLBAN.

Tu tiens entre tes mains
Le sort de ton amante & tes propres destins.
S'il est vrai que tu sois encore digne d'elle,
A la vertu toujours si tu restas fidelle,
Explique tes malheurs, dis qui les a causés ;
Parle, l'autel t'attend, & tes fers sont brisés.

ANDRÉ *avec transport.*

C'en est trop. Eh bien, non, je ne suis point cou-
  pable ;
Apprenez tout. Ces fers n'ont rien que d'honorable,
Ces fers, qui devant vous paroissent m'avilir,
La vertu les avoue ; &, loin de me flétrir,

Ce font..... Ah ! malheureux ! tremble ; que vas-tu
    faire ?
Grand Dieu ! qu'allois-je dire ?..... O mon père !
    mon père !

D'OLBAN.

Acheve. Qui t'arrête ? & pourquoi te troubler ?
Quel est donc ce fecret ? hâte-toi de parler.

ANDRÉ *marchant d'un air égaré*.

Je ne me connois plus... Cécile !... chère amante !...
Mon père !... Je frémis : mon trouble m'épouvante.
Le penchant, le devoir, la nature, l'amour
Combattent mon efprit, l'entraînent tour-à-tour.

D'OLBAN.

Je ne t'abufe point par un efpoir frivole.

ANDRÉ.

Ah ! qui l'emportera ? jufte Ciel ! quel parti !.....
Je voudrois.....

D'OLBAN.

Eh bien , quoi ?

ANDRÉ.

Me voir anéanti.

D'OLBAN.

Mais je te l'ai promis , compte fur ma parole.
Un mot va te tirer de cet état d'horreur ,
Pour te faire paffer au comble du bonheur.

ANDRÉ *avec abattement*.

Non, non , je n'en dois plus attendre fur la terre.
Tant de félicité n'eft pas faite pour moi ;

Et du fort qui m'opprime il faut subir la loi.
Le Ciel veut qu'au tombeau j'emporte ma misère.
A quelle épreuve, hélas ! met-on ce triste cœur !
Mais, quoi ! je pourrois être à celle que j'adore !
Je pourrois..... Loin de moi cet espoir séducteur.
Ah ! j'allois succomber, & j'en rougis encore.

(*A d'Olban.*)

Monsieur, votre bonté redouble mon tourment ;
Elle a mis ma vertu dans un péril bien grand !
Je fuis ; de mon amour je crains la violence.
Daignez tous désormais m'épargner ces combats ;
De grace, laissez-moi du-moins mon innocence,
Le seul bien qui me reste, & le seul dont, hélas !
Il m'est encor permis de jouir ici-bas.

(*Il s'en va.*)

S C E N E   V I.

M. D'OLBAN *seul.*

CEt homme est innocent ; l'on ne peut s'y mé-
    prendre.
Il a l'ame élevée autant que le cœur tendre ;
Sa conscience est pure ; &, je n'en doute pas,
Il n'est qu'infortuné.

(*Il se promene en rêvant sur le devant du théâtre.*)

SCENE VII.

M. D'OLBAN, LISIMON.

LISIMON *dans le fond.*

Voici donc le rivage
Où mon fils est venu languir dans l'esclavage !
Votre bras, ô mon Dieu ! l'aura-t-il soutenu
Au milieu des horreurs d'un destin si funeste ?
Le reverrai-je ? ou bien, dans le séjour céleste,
Lui payez-vous déja le prix de sa vertu ?

D'OLBAN *sur le devant de la Scène.*

Ce silence pourtant..... ce silence m'étonne.
A quoi l'attribuer ? Quels motifs si puissans.....

LISIMON *avançant un peu.*

Comment m'y prendre ? Ici je ne connois personne.
Qui daignera vers lui guider mes pas tremblans ?

D'OLBAN.

Sûrement ce n'est pas le remords ni la honte
Qui le force au silence : il le garde à regret ;
Et son père est, je crois, mêlé dans ce secret.
Mais Cécile m'attend, allons lui rendre compte.
Que je la plains !

LISIMON *l'abordant.*

Je suis étranger dans ces lieux ;
Monsieur, ayez pitié d'un vieillard malheureux !

C'eſt la nature, hélas ! c'eſt l'amour paternelle
Qui m'arrache au tombeau d'une épouſe fidelle,
Et me fait de bien loin, par un dernier effort,
Malgré le poids des ans, chercher ce triſte bord.
J'y viens d'un devoir ſaint remplir les loix ſévères,
Mais ce devoir m'eſt cher. J'ai mon fils aux galères :
Je viens avec tranſport reprendre en ces momens
Des fers qu'il n'a pour moi portés que trop long-
    tems.

D'OLBAN.

A ta place, dis-tu, pour ſoulager tes peines,
Ses généreuſes mains . . . . .

LISIMON.

    Ses mains ont pris mes chaînes,
Et pour l'en dégager j'arrive maintenant.
Si j'arrive aſſez-tôt, je mourrai trop content.

D'OLBAN.

Et le nom de ce fils ?

LISIMON.

    C'eſt André qu'il s'appelle.

D'OLBAN.

André ?

LISIMON.

M'en pourriez-vous donner quelque nouvelle ?
Seroit-il par haſard connu de vous ici ?

D'OLBAN *avec tranſport.*

André ! lui, c'eſt ton fils ? c'eſt ta chaîne qu'il porte ?
Oui, oui, je le connois..... Tout cela ſe rapporte ;

E iv

J'avois bien préfumé..... Que mon cœur eſt ravi !
Allons , courons vers elle. Ah ! qu'elle aura de
    joie !.....
Mais , non , il faut avant que je ſois éclairci.
Viens , ſuis-moi , bon vieillard , c'eſt le Ciel qui
    t'envoie ;
Viens , tu m'apprendras tout ; tu t'es bien adreſſé ,
Et je te ſervirai , j'y ſuis intéreſſé.
Quoique le ſort m'ait fait & me garde d'outrage ,
Si leur félicité peut être mon ouvrage ,
L'exiſtence m'eſt chère , & j'en rends grace aux
    Cieux :
Il n'eſt point de malheur pour qui fait des heureux.

Fin du quatrieme Aĉle.

O Dieu! vois ces nobles combats!
[...] les regards [...] la terre,
[...] digne. [...]

ACTE V.

SCENE PREMIERE.

M. D'OLBAN, LE COMTE, LISIMON.

D'OLBAN *au Comte.*

Vous ne me croiriez pas, & vous auriez raison ;
Je ferois comme vous. Une telle action
Est trop belle aujourd'hui pour être vraisemblable.
Mais tenez, le voilà ce vieillard respectable ;
Il le faut écouter lui-même.

LISIMON.

                C'est toujours
Avec ravissement que ma bouche répete
L'histoire des malheurs répandus sur mes jours.
Tout horribles qu'ils sont, mon-ame satisfaite
Trouve à les raconter une douceur secrete :
C'est faire en même tems l'éloge de mon fils,
Parler de ses vertus, dignes d'un autre prix ;
De ce que je lui dois rappeller la mémoire,
Et m'honorer moi-même en publiant sa gloire.

(*Au Comte.*)
Peut-être que déja d'André vous l'aurez sû ;
A sa conduite au-moins on l'aura reconnu,

Et je l'avoue auffi, nous fommes l'un & l'autre
D'une Religion que réprouve la vôtre.
Ne peut-on fe tromper fans être criminel ?
Vertueux & foumis, fi dans l'erreur nous fommes,
Nous ofons efpérer en la bonté du Ciel,
Et croyons mériter l'indulgence des hommes.

La Rochelle long-tems nous avoit dans fon fein
Vu jouir d'un obfcur & tranquille deftin,
Quand fuivi de mon fils & de fa trifte mère,
J'allai remplir vers Nîme un fecret miniftère.
J'y croyois vivre encor dans un repos heureux ;
Mais Dieu qui jufqu'alors daignant m'être propice
M'avoit environné d'une ombre protectrice ,
Dieu laiffa découvrir mes travaux dangereux,
Et l'on me condamna pour toujours aux galères.

LE COMTE à d'Olban.

Il avoit tort. Tu fais les défenfes févères.....

LISIMON.

On me traînoit déja vers ce féjour affreux ;
J'y marchois, en pouffant des fanglots douloureux,
Voici que tout-à-coup je vois fur mon paffage
Mon fils, mon cher André précipiter fes pas.
La nature éperdue animoit fon courage,
Pâle & tremblant, les pleurs inondoient fon vifage,
Il jette un cri, s'élance, & me ferre en fes bras.
« Arrêtez (me dit-il), non, non, vous n'irez pas;
» Courez vers votre époufe, hélas ! elle eft mou-
　　　» rante ;

» Courez rendre la vie à ma mère expirante,

» Et fuyez avec elle au milieu des déferts.

» Vous êtes libre, allez, je viens prendre vos fers ».

Etonné, confondu, je refpirois à peine ;

Je ne pouvois parler. Mon fils au même inftant

Tombe aux pieds de celui qui conduifoit la chaîne,

Le preffe, le conjure, enfin l'attendriffant,

Par fes pleurs, par fes cris obtient qu'en efclavage

Il foit, au lieu de moi, conduit fur ce rivage.

D'OLBAN au Comte.

Eh bien ? qu'en penfes-tu, mon cher ? tu ne dis
   rien ?

LE COMTE.

Ah ! je fuis pénétré !

D'OLBAN.
Vraiment, je le crois bien.
LISIMON.

Tranfporté d'obtenir cette funefte grace,

Fier de m'ôter mes fers, André prit donc ma place:

Et moi, je l'avourai, moins généreux que lui,

Je fouffris, en pleurant, cet échange inoui ;

Je cédai, dans l'efpoir que peut-être à la vie

Je pourrois rappeller une époufe chérie.

Ma préfence en effet, mon amour, mes fecours

L'empêcherent alors de terminer fes jours :

Mais elle en a paffé le refte dans les larmes,

Au fein de l'indigence, & parmi les alarmes.

Sans ceffe nous pleurions notre malheureux fils.

Je voulois quelquefois, du milieu des Cévènes,
La quitter pour venir reprendre ici mes chaînes ;
Elle me retenoit, en redoublant ses cris.
Enfin, le mois dernier, ses forces s'épuiserent,
En me nommant son fils je la vis expirer ;
Et seul, sans nul secours, réduit à l'enterrer,
Je lui creusai sa fosse, & mes mains l'y placerent.
Hélas ! en m'acquittant de ce lugubre emploi,
J'aurois dans le tombeau desiré de la suivre ;
Mais un autre devoir aussi sacré pour moi
Me restoit à remplir & m'ordonnoit de vivre.
A ma place en ces lieux mon cher fils gémissoit,
Ma mort dans l'esclavage à jamais le laissoit ;
Et j'ai voulu du-moins terminer sa misere,
Avant d'aller enfin me réjoindre à sa mère.

LE COMTE *à d'Olban.*
Nous en savons assez.

D'OLBAN.
Oui, c'est à vous d'agir.

LE COMTE.
Comment ?

D'OLBAN.
N'êtes-vous pas l'ami des Commissaires ?

LE COMTE.
J'entends ; oui, je le suis. A des preuves si claires
S'ils résistoient, ma voix peut du-moins les fléchir,
Ils voudront m'obliger.

D'OLBAN.

Tu te mocques, je penfe.

T'obliger ? Ce font eux, je le dis hautement,

Qui te devront ici de la reconnoiffance.

C'eft rendre à l'homme en place un fervice impor-
tant

Que d'éclairer fes yeux fur le bien qu'il peut faire.

LISIMON *regardant la galere.*

Sans doute la voilà cette trifte galere !

(*A d'Olban.*)

Ne tardons plus, Monfieur ; menez-moi vers mon
fils ;

Que j'aille…

D'OLBAN.

Il n'eft pas tems.

LISIMON.

Ah ! vous m'avez promis…

D'OLBAN.

Je te promets encor ; mais fais ce que j'exige.

Tu le verras bientôt ; j'ai mes raifons, te dis-je.

(*Au Comte.*)

Nous allons de vos foins attendre le fuccès.

(*Il fort & emmene Lifimon.*)

SCENE II.

LE COMTE *seul*.

J'Espere qu'il sera conforme à mes souhaits.
Il faut m'en assurer. A ses douleurs en proie,
Cécile en ce moment est digne de pitié;
Mais ne hasardons point, par une fausse joie,
De lui rendre cruels les soins de l'amitié.
　　(Il veut sortir, & il est rencontré par Cécile qui
entre avec Amélie.)

SCENE III.

LE COMTE, CÉCILE, AMÉLIE.

CÉCILE *au Comte*.

MOnsieur, envoyez-moi ce malheureux ; qu'il
　　vienne :
Je veux encor le voir.
　　　　　　LE COMTE.
　　　　　　　　Je vais vous obéir.
　　　　　　AMÉLIE.
O Dieu ! dans ses douleurs daigne la secourir !
　　　　LE COMTE *vivement à Amélie*.
Madame, il le fera ; que l'espoir vous soutienne.

Je ne m'explique point. Adieu, confolez-la ;
Peut-être que bientôt fon malheur finira.

S C E N E   I V.

CÉCILE, AMÉLIE.

(Cécile plongée dans une profonde rêverie ne femble
faire aucune attention à ce que dit le Comte ; &
Amélie au contraire en eft tranfportée.)

AMÉLIE.

AH ! Madame, écoutez ce fortuné préfage.
Ce n'eft pas fans fujet qu'il nous tient ce langage ;
Non : ils ont découvert quelque chofe d'heureux.
Une fecrette joie éclatoit dans fes yeux.....
Vous ne m'écoutez point. Immobile & glacée,
Sous le poids des douleurs vous femblez affaiffée !
Le Comte me l'a dit, vos malheurs vont finir.

CÉCILE *d'une voix foible & fans changer d'attitude.*
Oui, fans doute... au tombeau.

AMÉLIE.

Vous me faites frémir.

CÉCILE.

Je le fens, oui, je touche à la fin de ma vie.

AMÉLIE *lui prenant tendrement la main.*
Cruelle, fongez-vous que c'eft à votre amie,

A votre amie, à moi, que vous parlez ainſi ?
Vous ne m'aimez donc plus ?

CÉCILE.

O ma chere Amélie !
Pardonne au déſeſpoir : c'eſt lui qui parle ici.
Sous l'excès de mes maux il faut que je ſuccombe ;
La mort va les finir, je dois la ſouhaiter,
Et pourtant je me trouble à l'aſpect de ma tombe ;
Je ne puis ſans terreur ſonger à te quitter :
Car je n'ai que toi ſeule à regretter au monde.
Ah ! du-moins, en mourant, je ne te laiſſe pas
Dans un triſte abandon, ſans ſecours ici bas.
J'avois déja tantôt, en ma douleur profonde,
De d'Olban en ſecret aſſuré le deſtin ;
Mais depuis que je crois approcher de ma fin,
J'ai diſpoſé de tout, & de mon héritage
Je viens entre vous deux d'ordonner le partage.

(*Ici Amélie fond en larmes.*)

Tu pleures ; je ne puis te blâmer de pleurer,
Tu n'as pas tort : tu perds une bien bonne amie,

(*La preſſant tendrement contre ſon ſein*)

Et dont tu fus toujours bien tendrement chérie.
Tu ne l'oubliras pas, j'oſe m'en aſſurer.

AMÉLIE , *avec un tranſport de douleur.*

Vous déchirez mon cœur !

CÉCILE.

Ecoute une priere
Qui t'eſt de ma tendreſſe une preuve derniere.

Tiens

Tiens ma place, prends foin de cet infortuné ;
Je te le recommande. Hélas ! quoiqu'il foit né
(*Appercevant André.*)
Pour être..... Dieu ! c'eft lui ! défaillante ,
    éperdue ,
Ah ! je fens que je vais expirer à fa vue !

S C E N E *V.*

CÉCILE, AMÉLIE, ANDRÉ.

(*Amélie pleure amérement ; André s'avance à pas lents ;*
Cécile baiffe les yeux à fon approche , & demeure
quelque tems fans parler.)

CÉCILE *à André.*

NE penfe pas qu'ici , par un nouvel effort,
Je cherche à t'arracher le fecret de ton fort.
Je fais trop que fur toi je n'ai plus de puiffance.
Garde , garde à jamais ton barbare filence ;
Tu le veux , j'y confens. Près du terme fatal ,
Sur le bord du cercueil tout devient prefque égal.
Cependant je n'ai pu me refufer encore
Pour la derniere fois... dirai-je le plaifir
Ou l'horreur de te voir avant que de mourir ?
Ah ! tout me dit en vain qu'il faut que je t'abhorre ;
Tu fis tous mes malheurs , tu m'arraches le jour ,
Et tu ne peux , cruel , m'arracher mon amour !

F

Mon trépas rend enfin cet aveu pardonnable;
Il l'expira du moins : innocent ou coupable,

(A Amélie.)

Je meurs en t'adorant. Puiffé-je... Soutiens-moi.

AMÉLIE la foutenant, & toute effrayée.

Cécile !

CÉCILE fe laiffant aller dans fes bras.
Je fuccombe.

ANDRÉ avec faififfement.

Ah ! qu'eft-ce que je voi ?

AMÉLIE à André.

Ton ouvrage, barbare ! il faut bien qu'elle meure.
Regarde-la.

CÉCILE à moitié évanouie dans les bras d'Amélie.

Mon Dieu ! hâte ma derniere heure !

Abrege mes douleurs !

ANDRÉ courant à Cécile, prenant avec tranfport une
de fes mains, & la collant à fa bouche.

Non, vivez pour m'aimer !

Mᵉ Cécile, vivez ! vivez pour m'eftimer !
J'en fuis digne toujours. Voyez moi ...

CÉCILE le regardant languiffamment, fans retirer la
main qu'il preffe toujours contre fes levres.

Que je vive ?

Ah ! tu ne le veux pas.

ANDRÉ.

O Ciel ! tu m'y réduis !

Je n'y réfifte plus , & , quoi qu'il en arrive,
Il faut parler.

CÉCILE.

Ingrat ! nous qui n'avions jadis
Que les mêmes plaifirs , & que les mêmes peines !

ANDRÉ.

Eh bien , vous l'emportez. C'en eft fait , je me
    rends ;
Vous allez tout favoir.

CÉCILE *ceffant de s'appuyer fur Amélie , & femblant*
reprendre des forces à ces mots.

Tu ranimes mes fens :
Mais ne me donne pas des efpérances vaines.
Mon ami , tes fecrets, ne le fais-tu pas bien ?
En entrant dans mon cœur , ne fortent pas du tien.
Pourfuis donc : que crains-tu ! parle, je t'en con-
    jure
Par tout ce qu'ont de faint l'amour & la nature ;
Par ce feu , dont toujours je brûle malgré moi ;
Par mes pleurs , qui jamais n'ont coulé que pour
    toi.

ANDRÉ.

Ils ne tariront pas. Non , femme infortunée ;
A des larmes de fang vous êtes condamnée :
Vous pleurerez bien plus dès que j'aurai parlé,
Quand ce fecret fatal vous fera révélé.
Quelle épreuve, grand Dieu ! pour le cœur d'une
    amante !

F ij

Ah ! Cécile, tremblez ! fongez bien que vos yeux
Vont me voir innocent,... peut-être vertueux,
Et condamné pourtant à l'horreur accablante
De vivre & de mourir en ces indignes lieux.
Vous m'en pourrez tirer en rompant le filence ;
Mais fi vous l'ofez faire , à vos pieds à l'inftant
Je punirai fur moi ma coupable imprudence ,
Et mon fang....

CÉCILE.

Je frémis ; tout mon corps eft tremblant ;
Acheve, ou je me meurs.

ANDRÉ.

Eh bien donc , c'eft mon père
Qui jufqu'à ce moment m'a contraint à me taire ;
C'eft lui , s'il vit encore....

SCENE VI. & derniere.

CÉCILE, AMÉLIE, ANDRÉ, LISIMON,
D'OLBAN, LE COMTE.

LISIMON *s'élançant dans les bras de fon fils.*

Oui, ton père eft vivant ,
Mon cher fils... mais il va mourir en t'embraffant.

ANDRÉ.

Mon père !

CÉCILE.

Lifimon !

ANDRÉ.

O Ciel ! par quelle grace !..

CÉCILE *fautant au cou de Lifimon.*

Voyez votre Cécile.

LISIMON *l'embraffant.*

Et toi, ma fille auffi ?

CÉCILE *avec vivacité.*

Il eft donc innocent ?

ANDRÉ.

Que mon cœur eft faifi !

Ah ! mon père, eft-ce vous, eft-ce vous que j'em-
braffe ?
Je ne fuis plus à plaindre. A préfent votre fils
De ce qu'il a fouffert reçoit un digne prix.

CÉCILE.

C'eft lui ! c'eft Lifimon ! ô rencontre imprévue !
(*Elle prend une des mains du vieillard, & la baife
avec des tranfports de tendreffe.*)
Jamais à ce bonheur me ferois-je attendue ?
Mon refpectable ami ! mon père !

LISIMON *entre André & Cécile, & leur rendant
tour-à-tour leurs careffes.*

Mes enfans !
Je crois que je mourrai dans vos embraffemens.
Ah ! mon cœur oppreffé ne bat plus qu'avec peine.
(*Il s'appuie fur André.*)

CÉCILE.

Grace au Ciel ! maintenant j'en suis enfin certaine,
André n'est pas coupable. Oh ! non, il ne l'est pas,
Je n'en peux plus douter, puisqu'il est dans vos
    bras.
C'est en vain que ses fers...

LISIMON *avec enthousiasme.*

Respectez-les, ma fille.
L'or qui couvre le grand, & dont l'opulent brille,
Leur donne moins d'éclat, que ces fers glorieux
N'en répandent ici sur ce fils généreux.
Ils font de sa vertu le libre & cher partage,
L'honneur de la nature, & l'effort du courage.

ANDRÉ *d'un air effrayé.*

Ah ! de grace, arrêtez.

CÉCILE *à Lisimon.*

Quoi ses fers ?...

LISIMON.

Sont les miens.
Il se chargea pour moi de ces honteux liens ;
Mais je viens les reprendre.

CÉCILE *levant les bras avec un transport de joie qui la*
    met toute hors d'elle-même.

Ah ! d'Olban ! Amélie !

(*Au Comte.*)

Monsieur ! entendez-vous ? Entends-tu, mon amie ?

ANDRÉ *à son père.*

Ne perdez point de tems, & fuyez de ces lieux ;

Fuyez ; vous dis-je , allez , retournez vers ma
    mère.

LISIMON.

Hélas ! elle n'eſt plus.

ANDRÉ.

        Qu'entends-je , juſtes Cieux !
Ma mère ! . . .

CÉCILE *avec ſaiſiſſement.*

    Elle eſt morte ! elle , à qui je fus ſi chère !

LISIMON *à ſon fils.*

Ce n'étoit , tu le ſais , que pour la ſecourir ,
Qu'à te céder mes fers j'avois pu conſentir.
Mais dès qu'elle a fini ſa pénible carrière ,
Privé du nom d'époux , je ne ſuis plus que père.
Quitte envers elle , il faut m'acquitter envers toi ,
Et j'aurai ſatisfait à tout ce que je doi.

    (*Il ſe tourne vers le Comte & va ſe jetter à ſes pieds.*)
C'eſt de vous que dépend la grace que j'eſpere ,
Je l'implore à vos pieds.

ANDRÉ *ſe précipitant auſſi aux genoux du Comte.*

        Ne le croyez pas , non.

LISIMON.

Monſieur , ayez pitié de mon affliction ;
Entendez les ſanglots d'un vieillard déplorable ;
Regardez ces cheveux blanchis dans les douleurs ,
Ce front ridé , flétri ; voyez couler mes pleurs ,
Et ne les voyez pas d'un œil impitoyable !
Ah ! rendez-moi mes fers !

André.

         Monsieur, je vous l'ai dit,
C'est l'amour paternelle, hélas ! qui le conduit,
Qui le porte à venir, pour un enfant qu'il aime,
S'offrir à l'infortune, & s'accuser lui-même.
Mais ces fers sont à moi, le fardeau m'en est doux.
     (*Se tournant vers son père, les mains jointes.*)
Et vous, de grace encor, mon père éloignez-vous.
Souffrez ...
Lisimon *embrassant de nouveau les genoux du Comte.*
(*A André.*) (*Au Comte.*)
     Jamais. Monsieur, que ma douleur vous touche !
La pure vérité vous parle par ma bouche.
Ah ! tant d'autres ici pleurent à vos genoux
Pour sortir d'esclavage, & voir finir leurs peines ;
Moi, j'embrasse vos pieds pour obtenir des chaînes.
     Cécile *se renversant dans les bras d'Amélie.*
Mon cœur se brise.

D'Olban.

      O Dieu ! vois ces nobles combats,
Baisse un moment ici tes regards sur la terre !
Ce spectacle en est digne.
     Le Comte *les relevant & les embrassant.*
        O vrai fils d'un tel père,
Bon vieillard, mes amis, venez tous dans mes bras.
Ah ! que vos cœurs sont grands, sont au-dessus des
    nôtres !
Vous étiez à mes pieds, c'est à moi d'être aux vôtres.
                Mais,

Mais, encore un moment, à nos yeux j'ai voulu
Vous laisser déployer toute votre vertu :
Elle honore la terre ; & votre délivrance
Doit de tant d'héroïsme être la récompense.
Aussi j'en viens pour vous d'obtenir la faveur,
Sûr qu'elle aura l'aveu d'un Roi dont la clémence
De la loi, quand il faut, tempere la rigueur.
Il prise la vertu, quelque part qu'elle brille ;
Et demandant au Ciel d'éclairer vos esprits,
Il vous traite en enfans égarés, mais chéris,
Qu'il se plaît à compter toujours dans sa famille.

LISIMON.

Ah ! pour l'aimer aussi nos cœurs vraiment fran-
    çois
Bénissent son empire avec tous ses sujets.
Oui, si sur quelques points, où nous errons peut-
    être,
Une fausse raison nous sépara de vous,
Servir nôtre patrie, adorer notre maître,
Sont des sentimens saints qui nous rejoignent tous.

CÉCILE.

O jour ! jour fortuné ! Quel retour favorable !
L'aurions-nous pu prévoir ?

D'OLBAN *prenant André par la main, & le présentant*
à Cécile avec qui il l'unit.

              Cécile, c'est ma main
Qui vous doit présenter cet amant respectable :
Il est digne de vous, soyez unis enfin.

G

(*A André.*)

André, reçois de moi cette femme adorable.

Quoiqu'on ne puiſſe trop admirer tes vertus,

Le prix qui les couronne eſt peut-être au-deſſus.

ANDRÉ *voulant ſe jetter aux pieds de d'Olban,*
qui l'en empéche.

Moi, Monſieur, ſon époux ?

CÉCILE *ſe penchant ſur le bras de d'Olban avec un*
tranſport de reconnoiſſance.

Ah ! vous ſerez mon frère.

Soyez de la famille, & ne nous quittons plus.

(*A Liſimon.*)

Béniſſez vos enfans !

LISIMON *béniſſant André & Cécile.*

Puiſſe un hymen proſpere

Vous faire aimer toujours le tendre nom d'époux !

Puiſſiez-vous, comme moi, dans des momens ſi
doux,

Remercier le Ciel du bonheur d'être père !

Fin du cinquieme & dernier Acte.